HELMUT KARL · PAUL KLEMMER

Einbeziehung von Umweltindikatoren in die Regionalpolitik

SCHRIFTENREIHE DES RHEINISCH-WESTFÄLISCHEN
INSTITUTS FÜR WIRTSCHAFTSFORSCHUNG ESSEN

NEUE FOLGE HEFT 50

Einbeziehung von Umweltindikatoren in die Regionalpolitik

Von

Helmut Karl und Paul Klemmer

Duncker & Humblot · Berlin

CIP-Titelaufnahme der Deutschen Bibliothek

Karl, Helmut:
Einbeziehung von Umweltindikatoren in die Regionalpolitik / von Helmut Karl u. Paul Klemmer. — Berlin: Duncker u. Humblot, 1990
  (Schriftenreihe des Rheinisch-Westfälischen Instituts für Wirtschaftsforschung Essen; N. F., H. 50)
  ISBN 3-428-06940-4
NE: Klemmer, Paul:; Rheinisch-Westfälisches Institut für Wirtschaftsforschung ⟨Essen⟩: Schriftenreihe des Rheinisch-Westfälischen . . .

Alle Rechte vorbehalten
© 1990 Duncker & Humblot GmbH, Berlin 41
Fotoprint: Werner Hildebrand, Berlin 65
Printed in Germany
ISSN 0720-7212
ISBN 3-428-06940-4

Vorwort

Die zunehmende Berücksichtigung umweltpolitischer Aspekte in fast allen Politikfeldern führt gegenwärtig zur Forderung, in die Auswahl der Fördergebiete für die Zwecke der regionalen Wirtschaftspolitik auch Umweltüberlegungen mit einfließen zu lassen. Zumindest erscheint vielen der Gedanke naheliegend, das regionale Diagnosesystem, welches zur Auswahl der Fördergebiete verwendet wird, um die Umweltdimension zu erweitern.

Die Frage jedoch, ob eine derartige Erweiterung sinnvoll und praktisch überhaupt möglich ist, wird noch sehr kontrovers beantwortet. Insofern liegt es nahe, den Stand der wissenschaftlichen Diskussion zu diesem Themenkomplex klärend zusammenzufassen, um hieraus Schlußfolgerungen zu ziehen. Dies soll im Rahmen dieser Untersuchung, die im Auftrag des Senators für Wirtschaft und Außenhandel der Freien Stadt Bremen erstellt wurde, geschehen.

Gegenstand der nachstehenden Ausarbeitung ist somit eine kritische Analyse der Möglichkeiten und Erfordernisse, Umweltaspekte in die Ziele und insbesondere Bewertungsmaßstäbe der Regionalpolitik zu integrieren. Hierbei wird auch der Frage nachgegangen, ob und gegebenenfalls in welcher Form Umweltindikatoren bei der Neuabgrenzung der Fördergebiete der Gemeinschaftsaufgabe "Verbesserung der regionalen Wirtschaftsstruktur" (GRW) im Jahre 1991 Berücksichtigung finden sollen.

Essen, Mai 1990   Rheinisch-Westfälisches Institut
für Wirtschaftsforschung

Prof. Dr. Paul Klemmer

Inhaltsverzeichnis

Zur Problemstellung   11

Erstes Kapitel

Umweltanliegen und Konzept der Gemeinschaftsaufgabe "Verbesserung der regionalen Wirtschaftsstruktur"   14

1.	Konzeption der Gemeinschaftsaufgabe	14
2.	Zur Begründung der Forderungen nach einer umweltpolitischen Ergänzung der regionalen Wirtschaftspolitik	17
2.1.	Umwelt und regionalpolitische Ziele	17
2.2.	Zielkonflikte	20
2.3.	Regionale Dimension.	22

Zweites Kapitel

Erfassung von Umweltdefiziten innerhalb des Indikatorenkatalogs der Regionalpolitik   24

1.	Methodische Probleme	24
1.1.	Überblick	24
1.2.	Indikatorenauswahl und Umweltqualitätsbegriff	27
1.3.	Aggregationsprobleme	32
1.4.	Räumliche Beobachtungsebene	35
2.	Güteindikatoren für Wasser, Luft, Boden	37
2.1.	Wassergüte	37
2.2.	Luftgüte	40
2.3.	Bodengüte, Flächennutzung	41
2.4.	Lebensraumgüte.	47

3.	Integrationsproblem: Einbau von Umweltindikatoren in das Indikatorensystem der regionalpolitischen Gemeinschaftsaufgabe .	48
3.1.	Aggregationsprobleme	48
3.2.	Interkorrelative Beziehungen zwischen den Indikatoren	50
3.3.	Regionalisierungsproblem	51

Drittes Kapitel

Umwelttatbestände und Infrastrukturindikator   54

Viertel Kapitel

Externe Leistungen und Gemeinschaftsaufgabe   58

Fünftes Kapitel

Zusammenfassung   60

Literaturverzeichnis   63

Verzeichnis der Schaubilder

Schaubild 1:	Qualitätsfunktion	28
Schaubild 2:	Transformationsfunktion	30
Schaubild 3:	Umwidmungskostenfunktion	32

Verzeichnis der Übersichten

Übersicht 1:	Umweltgütestufen..................	34
Übersicht 2:	Mindestgüteanforderungen für Fließgewässer	38
Übersicht 3:	Gewässergütestufen	39
Übersicht 4:	Luftgütestufen	41
Übersicht 5:	Gesamtgehalte und Orientierungsdaten (Richtwerte für tolerierbare Gesamtgehalte von Schwermetallen in Kulturböden................................	44
Übersicht 6:	Bodengütestufen	46
Übersicht 7:	Lebensraumgüte	48
Übersicht 8:	Gütewerte für Luft-, Boden-, Wasser- und Lebensraumqualität	49

Zur Problemstellung

Regionalpolitik wird im Rahmen der "Gemeinschaftsaufgabe Verbesserung der regionalen Wirtschaftsstruktur" mit regionaler Wirtschafts- und Strukturpolitik gleichgesetzt[1] und kann als explizit räumlich ausgerichteter Zweig der allgemeinen Strukturpolitik interpretiert werden. Aufbauend auf einer regionalen Gliederung der volkswirtschaftlichen Fläche versucht dieser, über die Beeinflussung der Wirtschaftsstruktur das Regionalgefüge einer Volkswirtschaft zwecks besserer Durchsetzung gesellschaftlicher und wirtschaftspolitischer Anliegen zu verändern. Dies geschieht vor allem über die bewußte Induzierung ökonomischer Entwicklungsprozesse zur Erzielung regionaler und gesamtwirtschaftlicher Beschäftigungs-, Einkommens- und Wachstumseffekte. Bevorzugter Ansatzpunkt ist hierbei immer noch die Einflußnahme auf die räumliche Realkapitalbildung[2].

In jüngster Zeit werden dieser Regionalpolitik auch umweltpolitische Aufgaben angetragen. Im Sinne einer engeren Verzahnung zwischen Regional- und Umweltpolitik wird z.B. vorgeschlagen, die von der Gemeinschaftsaufgabe induzierte Realkapitalmobilisierung stärker an umweltpolitischen Zielen auszurichten[3]. Ne-

---

[1] Vgl. P. Klemmer [I], Regionalpolitik auf dem Prüfstand. Köln 1986; P. Klemmer [II], Regionalpolitik. In: A. Woll (Hrsg.), Wirtschaftslexikon. 2. Aufl., München 1987, S. 483ff.; D. Fürst, P. Klemmer und K. Zimmermann: Regionale Wirtschaftspolitik. Tübingen und Düsseldorf 1976; J.H. Müller, Wirtschaftliche Grundlagen der Raumordnungspolitik. Berlin 1969; H.-F. Eckey, Grundlagen der regionalen Strukturpolitik. Köln 1978; J. Klaus und J. Schleicher, Räumliche Wirtschaftspolitik. München 1983.

[2] Vgl. dazu ausführlicher P. Klemmer [III], Regionalpolitik und Umweltpolitik, Untersuchung der Interdependenzen zwischen Regionalpolitik und Umweltpolitik. (Beiträge der Akademie für Raumforschung und Landesplanung, Band 106.) Hannover 1986, S. 12ff.

[3] Dies geschieht vor allem über die Forderung nach stärkerer ökologischer Orientierung der Raumordnungspolitik. Vgl. K.-H. Hübler, Wechselwirkungen zwischen Raumordnungspolitik und Umweltpolitik. In: Akademie für Raumforschung und Landesplanung (Hrsg.) [I], Wechselseitige Beeinflussung von Umweltvorsorge und Raumordnung. (Forschungs- und Sitzungsberichte, Band 165.) Hannover 1987, S. 11ff.; M. Uppenbrink und W. Knauer, Funktion, Möglichkeiten und Grenzen von Umweltqualitäten und Eckwerten aus der Sicht des Umweltschutzes. In: Akademie für Raumforschung und Landesplanung (Hrsg.) [I], S. 45ff.; A. Kloke, Umweltstandards - Material für Raumordnung und Länderplanung. In: Akademie für Raumforschung und Landesplanung (Hrsg.) [I], S. 133ff.; L. Finke, Umweltgüteziele in der Regionalplanung - dargestellt am Beispiel der Nordwanderung des Steinkohlenbergbaus. In: Akademie für Raumforschung und Landesplanung (Hrsg.) [II], Umweltgüte und Raumentwicklung. (Forschungs- und Sitzungsberichte, Band 179.) Hannover 1988, S. 13ff.; H. Kiemstedt, Forderungen an die Regionalplanung aus der Sicht der Landschaftsrahmenplanung. In: Akademie für Raumforschung und Landespla-

ben dem wirtschaftlichen Ausgleichs-, Effizienz- und Wachstumsanliegen soll das Umweltschutzziel den Zielhorizont der Regionalpolitik ergänzen[4].

Losgelöst von der Beantwortung der Frage, ob sich die Umweltanliegen überhaupt auf einige wenige Indikatoren konzentrieren lassen, können sich mit einer derartigen Einbeziehung von Umweltkriterien in das Diagnosesystem der Regionalpolitik verschiedenartige Implikationen verbinden. Bringen die anzustrebenden Indikatoren z.B. regionale Umweltdefizite (Belastungen) zum Ausdruck, bieten sich bereits zwei divergierende Schlußfolgerungen an:

- Belastungen signalisieren eine Überausschöpfung regionaler Umweltressourcen und zeigen damit an, daß eine weitere Ansiedlung von Betrieben und eine Expansion bereits vorhandener Produktionsaktivitäten umweltpolitisch nicht mehr zu vertreten sind. Dies würde beinhalten, daß trotz "Förderbedürftigkeit" unter ausgleichspolitischen Überlegungen eine regionalpolitische Unterstützung aus Umweltschutzgründen zu unterbleiben hat.

- Denkbar wäre aber auch eine Interpretation, bei der Umweltdefizite als Begründung für eine besondere Förderungsbedürftigkeit genommen werden. Belastungen würden dann nahelegen, über den technischen Umweltschutz das regionale Immissionsniveau abzusenken, d.h. eine regionale Sanierungsstrategie einzuleiten. Dies müßte dann zu einer besonderen Unterstützung der Umweltschutzinvestitionen führen.

Die bisherigen Initiativen lassen bezüglich dieser beiden Schlußfolgerungen noch keine eindeutige Interpretationsrichtung erkennen. Die an die Raumordnung herangetragenen Forderungen laufen eher in die erste Richtung. Es wird aber deutlich, daß in Abhängigkeit von den Schlußfolgerungen unterschiedliche Raumkategorien begünstigt würden. Stünde z.B. die erste Interpretation (Umweltengpaßindikatoren) im Vordergrund, käme es wahrscheinlich zu einem umweltpolitisch induzierten Bremsen der Agglomerationsprozesse und damit indirekt zu einer Begünstigung der dünn besiedelten Gebiete. Im zweiten Fall würden hingegen die

---

nung (Hrsg.) [III], Integration der Landschaftsplanung in die Raumplanung. (Forschungs- und Sitzungsberichte, Band 180.) Hannover 1988, S. 153ff.; P. Knauer, Umweltbeobachtungs- und Umweltinformationssysteme. In: Akademie für Raumforschung und Landesplanung (Hrsg.) [III], S. 179ff.; D. Marx, Wechselwirkungen zwischen Umweltschutz und Raumordnung/Landesplanung. Hannover 1988. Vgl. des weiteren auch H.-G. Barth, Ökologische Orientierung in der Raumordnungspolitik. In: Jahrbuch der Geographischen Gesellschaft zu Hannover, Sonderheft 11. Hannover 1984, S. 7ff.; G. Beck, Vorherrschende wissenschaftliche Sichtweisen der Regionalpolitik in der Bundesrepublik Deutschland. In: Jahrbuch der Geographischen Gesellschaft zu Hannover, Sonderheft 11. Hannover 1984, S. 25ff.; P. Klemmer [IV], Gemeinschaftsaufgabe "Verbesserung der regionalen Wirtschaftsstruktur", Zwischenbilanz einer Erscheinungsform des kooperativen Föderalismus. In: F. Schuster (Hrsg.) [I], Dezentralisierung des politischen Handelns, Band III. (Forschungsberichte der Konrad-Adenauer-Stiftung, Band 61.) Melle 1987, S. 299ff.; P. Klemmer [V], Zur Aufgabenstellung der regionalen Strukturpolitik. In: R. Schmidt (Hrsg.), Aktuelle Fragen der regionalen Strukturpolitik. (Augsburger Rechtsstudien, Band 4.) Heidelberg 1989, S. 5ff.

[4] Vgl. H. Karl und P. Klemmer [I], Ökologisierung der Regionalpolitik oder Regionalisierung der Umweltpolitik? "Zeitschrift für angewandte Umweltforschung", Berlin, Jg. 1 (1988), S. 161ff.

Räume mit Umweltqualitätsdefiziten gefördert. Vermutlich würden hiervon die altindustriellen Ballungsräume profitieren, weil sie neben ungünstigen wirtschaftlichen Strukturen zumeist auch hohe Umweltbelastungen aufweisen.

Anders sieht es hingegen aus, wenn die Umweltindikatoren regional gebundene Umweltfunktionen verdeutlichen sollen, die zugunsten der gesamten Gesellschaft zu erhalten bzw. zu pflegen wären. Solche Überlegungen treten in den Vordergrund, wenn die sog. "Vorrangfunktionen" angesprochen werden[5]. Sie spielten schon bei der Beratung des Entwurfs einer Novelle zum Bundes-Immissionsschutzgesetz eine Rolle und kreisten damals um das Stichwort "regionalisierter Immissionsschutz"[6]. Dort wollte man einzelnen Regionen (sog. Reinluftgebieten) restriktive Immissionsgrenzwerte zuweisen, um ihre spezifischen Umweltfunktionen besser wahren zu können. Diese Regionalisierung des Immissionsschutzes scheiterte damals u.a. an dem Argument, dies verstoße gegen Ziele der Raumordnung. Möglicherweise kommt die gleiche Diskussion jetzt im Zusammenhang mit der Regionalpolitik erneut auf.

Wie sich eine stärker umweltpolitisch ausgerichtete Gemeinschaftsaufgabe auf die Förderkulisse auswirken wird, hängt somit in starkem Maße von den Inhalten der Umweltindikatoren sowie den Schlußfolgerungen ab, die man mit diesen Indikatoren verbindet. Dies soll an dieser Stelle nicht näher analysiert werden. Hier liegt ein empirischer Forschungsbedarf vor, der innerhalb der vorliegenden Arbeit nicht befriedigt werden kann. Hier geht es vielmehr um die Beantwortung der Fragen,

- ob überhaupt umweltpolitische Aufgaben der Gemeinschaftsaufgabe zugeordnet werden sollen (erstes Kapitel),
- welche Probleme sich ergeben, wenn Umweltqualitätsindikatoren als Ziel- und Förderkriterien den Gesamtindikator der Gemeinschaftsaufgabe erweitern (zweites Kapitel),
- ob ein um die "umweltnahe" Infrastruktur erweiterter Infrastrukturindikator oder eine stärkere Gewichtung der bereits heute durch ihn erfaßten "umweltnahen" Entsorgungseinrichtungen sinnvoll erscheint (drittes Kapitel) und
- welche Schwierigkeiten auftauchen, wenn externe Umweltleistungen von Regionen im Rahmen der Gemeinschaftsaufgabe "Verbesserung der regionalen Wirtschaftsstruktur" internalisiert werden sollen (viertes Kapitel).

Schließlich wird im Rahmen einer Zusammenfassung auf alternative Wege zur Abstimmung und Koordination von Regional- und Umweltpolitik hingewiesen.

---

5   Vgl. F. Vorholz, Ökologische Vorranggebiete - Funktionen und Folgeprobleme. Frankfurt u.a. 1984; T. Geyer, Regionale Vorrangkonzepte für Freiraumfunktionen - Methodische Fundierung und planungspraktische Umsetzung. (Werkstattbericht, Nr. 13.) Kaiserslautern 1987.
6   Vgl. die Zusammenfassung der Diskussion in Regionalisierter Immissionsschutz? "Informationen zur Raumentwicklung", Bonn, Jg. 1980, S. 475ff.

Erstes Kapitel

Umweltanliegen und Konzept der Gemeinschaftsaufgabe "Verbesserung der regionalen Wirtschaftsstruktur"

1. Konzeption der Gemeinschaftsaufgabe

Bevor darüber reflektiert wird, wie und welche Umweltindikatoren im Rahmen der Gemeinschaftsaufgabe berücksichtigt werden könnten, soll zunächst geprüft werden, ob es überhaupt ratsam ist, der Gemeinschaftsaufgabe umweltpolitische Funktionen zuzuweisen. Um diese Frage zu beantworten, ist es nützlich, sich ihre Grundkonzeption in Erinnerung zu rufen.

Diese Gemeinschaftsaufgabe hat den Charakter einer allokativen räumlichen Ausgleichspolitik, die wirtschaftliche Disparitäten ausgleichen und gleichzeitig eine effizientere Ausschöpfung divergierender regionaler Entwicklungspotentiale erreichen möchte[1]. Sie steht somit "im Spannungsverhältnis von Ausgleichs- und Wachstumsziel"[2], wobei zumeist unterstellt wird, "daß diese Zielsetzungen zueinander eher in Komplementaritäts- als in Konfliktbeziehungen stehen"[3].

Mit Nachdruck muß auch betont werden, daß der regionalen Strukturpolitik im Rahmen der marktwirtschaftlichen Ordnung nur eine nachgeordnete Funktion zukommen soll[4]. So hat das Förderanreizsystem der Regionalpolitik primär den Charakter einer induzierenden finanziellen Hilfestellung, die zwar auf das räumliche Rentabilitätsgefälle privatwirtschaftlicher Investitionen einwirkt, aber einmaliger Natur ist[5] und das Entscheidungsrisiko bei den Kommunen bzw. den Unter-

---

[1] Vgl. P. Klemmer [VI], Regionalpolitik nicht überfordern. "Wirtschaftsdienst", Hamburg, Jg. 67 (1987), S. 380, bzw. P. Klemmer [V], S. 9.

[2] D. Ewringmann u.a., Die Gemeinschaftsaufgabe "Verbesserung der regionalen Wirtschaftsstruktur" unter veränderten Rahmenbedingungen. (Finanzwissenschaftliche Forschungsarbeiten, Band 55.) Berlin 1986, S. 20.

[3] F. Tetsch, Anpassung des Förderinstrumentariums der Gemeinschaftsaufgabe an die veränderten regionalwirtschaftlichen Bedingungen. Hintergründe und Beschlüsse, Neuorientierung der regionalen Wirtschaftspolitik? "Informationen zur Raumentwicklung", Jg. 1986, S. 783.

[4] Vgl. hierzu und zum folgenden P. Klemmer [V], S. 10.

[5] Keine Dauersubventionen.

nehmern beläßt. Die förderungspolitisch induzierten Aktivitäten müssen sich mit anderen Worten den regionalen Marktgegebenheiten stellen und sollen ohne weitere Hilfestellungen überleben. Wenn darum in bestimmten Gebieten das sog. "Antragsecho"[6] privater Investoren ausbleibt, ist dies noch kein Beleg für mangelnde Lenkungseffizienz der Regionalpolitik, sondern möglicherweise ein Indiz für tiefergehende Standortnachteile, die ohne Dauersubventionen nicht zu überwinden sind.

Aus diesem Grunde ist es immer noch berechtigt, die praktische Regionalpolitik als räumliche Kapitalmobilisierungspolitik zu bezeichnen, die zwar zugunsten bestimmter Regionen (Fördergebiete) interveniert, aber keine den Marktkräften entgegenstehenden Strukturen schaffen möchte. Insofern ist es auch berechtigt, eine derartige regionale Strukturpolitik noch als marktkonform zu bezeichnen. Daraus ergeben sich, was das Verhältnis zur Umweltpolitik betrifft, bereits hier gewisse Konsequenzen.

So ist darauf hinzuweisen, daß regionale Umweltengpässe, die sich in einem regionalen Preisgefälle (z.B. Boden-, Wasser- oder Energiepreise) oder in regional divergierenden Genehmigungsanforderungen niederschlagen, bereits im jetzigen System regionaler Wirtschaftspolitik Berücksichtigung finden. Insofern bestünde eigentlich kein spezifischer Bedarf an Umweltindikatoren zur Verdeutlichung regionaler Umweltengpässe. Es würde ausreichen, die Engpaßsituationen vor Ort preiswirksam werden zu lassen oder in der örtlichen Genehmigungspraxis zu berücksichtigen.

Des weiteren wird bereits hier sichtbar, daß man die Regionalpolitik als Vehikel zur Durchsetzung anderer Politikanliegen (etwa der Umweltpolitik) nicht überfordern oder überfrachten darf. Dies würde zwangsläufig den Ruf nach Erhöhung ihrer Lenkungseffizienz verstärken und zu einer anderen ordnungspolitischen Einstufung führen.

Nach diesen grundsätzlichen Vorbemerkungen ist nach der Vorgehensweise der Rahmenplanung zu fragen. So soll gemäß § 1 des Gesetzes über die Gemeinschaftsaufgabe die Rahmenplanung dazu dienen, Regionen zu unterstützen[7],

- deren Wirtschaftskraft erheblich unter dem Bundesdurchschnitt liegt und
- deren Wirtschaftszweige durch Sektoren dominiert werden, die vom Strukturwandel betroffen sind.

Umweltpolitische Ziele spielen bei der Auswahl der Gebiete bzw. der Förderung höchstens eine untergeordnete Rolle. So sieht der momentan gültige 17. Rahmen-

---

6 Eine Förderung wird nur auf Antrag gewährt.
7 Vgl. Gesetz über die Gemeinschaftsaufgabe "Verbesserung der regionalen Wirtschaftsstruktur" vom 6.10.1969. In: H. Eberstein (Hrsg.), Handbuch der regionalen Wirtschaftsförderung. 2. Aufl., Köln 1971/1988, Abschnitt 1 II D, S. 1ff.

plan lediglich eine Abstimmung mit den Zielen der Umweltpolitik vor und nimmt keine Spezifikation regionaler Umweltgüteziele vor[8].

Die im Planungsausschuß getroffenen Vereinbarungen über die Kriterien, die zur Fördergebietsabgrenzung herangezogen werden, geben zusammen mit den Rahmenplänen Auskunft über die konkret verfolgten Ziele der Regionalpolitik. Angesichts der Tatsache, daß bei der Gebietsauswahl bisher vor allem Einkommens- und Arbeitsmarktkriterien sowie ein Infrastrukturindikator im Vordergrund standen[9], trifft es zu, daß es der praktischen regionalen Wirtschaftspolitik bisher primär um den Abbau von interregionalen Disparitäten in bezug auf quantitative und qualitative Arbeitsmarkttatbestände sowie die wirtschaftliche Infrastruktur ging. Dies verband sich mit der Erwartung, daß über die förderungsbedingte Erhaltung bzw. Aufstockung der (hochwertigen) Arbeitsplätze gleichzeitig auch ein Beitrag zum gesamtwirtschaftlichen Wachstum geleistet werden könnte.

Für die so konkretisierten Ziele der regionalen Wirtschaftspolitik bot es sich an, Arbeitsmärkte als Diagnose- und Fördergebiete zu wählen[10]. Sie wurden auf der Basis von Berufspendlerverflechtungsdaten des Jahres 1970 abgegrenzt und partiell politisch modifiziert; sie werden zur Zeit aktualisiert. Den Rahmenplänen liegt darum gegenwärtig immer noch ein Raster von 179 gemeindescharf abgegrenzten Diagnoseeinheiten zugrunde. Diese Diagnoseeinheiten werden mit einer Reihe von Selektionskriterien konfrontiert, die helfen sollen, die förderwürdigen Räume aus der Gesamtheit der 179 Arbeitsmarktregionen herauszusieben. Bei der letzten Selektion wurden

- ein Arbeitsmarktindikator in Gestalt einer über mehrere Jahre hinweg erfaßten regionalen Arbeitslosenquote,
- zwei Einkommensindikatoren, das waren die Bruttowertschöpfung zu Faktorkosten je Einwohner sowie die Bruttolohn- und -gehaltsumme je beschäftigten Arbeitnehmer, und
- ein Infrastrukturindikator

verwendet.

Bei dieser Vorgehensweise wurden umweltpolitische Belange lediglich in Verbindung mit dem Infrastrukturindikator angesprochen. Letzterer versucht nämlich auch die Ausstattung von Regionen mit technischen Entsorgungseinrichtungen zu quantifizieren[11]. Soweit die wirtschaftsnahe Infrastruktur darum Einrichtungen bereitstellt, die Emissionen zurückhalten (etwa Kläranlagen) oder aufbereiten, gibt

---

8 Vgl. 17. Rahmenplan der Gemeinschaftsaufgabe "Verbesserung der regionalen Wirtschaftsstruktur" für den Zeitraum 1988 bis 1991 (1992). In: H. Eberstein (Hrsg.), Abschnitt 2 II D, S. 6ff.
9 Vgl. P. Klemmer [I], , S. 69ff.; P. Klemmer [VII], Reform der regionalen Wirtschaftspolitik. "Wirtschaftsdienst", Jg. 65 (1985), S. 290ff.; F. Tetsch, S. 781ff.
10 Vgl. P. Klemmer [VIII], unter Mitarbeit von B. Bremicker, Abgrenzung von Fördergebieten. Bochum 1983.
11 Vgl. P. Klemmer [IX], Umweltschutz und Bautätigkeit. "Ifo-Schnelldienst", München, Jg. 40 (1987), Heft 20, S. 23.

es schon Verknüpfungspunkte zur Umweltpolitik[12]. Sie schlagen sich auch in den Förderrichtlinien nieder. So bietet das Gesetz über die Gemeinschaftsaufgabe Möglichkeiten, Infrastrukturmaßnahmen des Umweltschutzes zu fördern, wenn sie die Wasserversorgung, Abwasser- und Abfallentsorgung betreffen[13]. Im übrigen dominieren im Infrastrukturindikator wirtschaftsnahe Infrastrukturgrößen wie[14]

- Energieversorgung,
- Verkehrserschließung,
- Erschließung von Industriegeländen,
- Energieversorgungsanlagen,
- Fremdenverkehrseinrichtungen,

wobei der Begriff "wirtschaftsnah" von vielen Autoren restriktiv interpretiert wird[15].

2. Zur Begründung der Forderungen nach einer umweltpolitischen Ergänzung der regionalen Wirtschaftspolitik

2.1. Umwelt- und regionalpolitische Ziele

Die Ergänzung der Regionalpolitik um ein "umweltpolitisches Standbein" könnte einmal mit den bestehenden Verflechtungen zwischen beiden Politikbereichen begründet werden. Neben der Verknüpfung über die Infrastruktur - auf die im dritten Kapitel näher eingegangen wird - gibt es z.B. zwischen den Zielen und Mitteln der Umwelt- und regionalen Wirtschaftspolitik weitere Anknüpfungs- und Kontaktpunkte.

So will die praktische Regionalpolitik primär wirtschaftliche Disparitäten ausgleichen, indem sie in entwicklungsschwachen Räumen Wachstumsimpulse setzt. Das Ausgleichsziel kann hierbei als Oberziel einer regionalpolitischen Zielhierarchie aufgefaßt werden. Das regionale Wachstumsanliegen[16] übernimmt dann die Rolle eines Zwischenziels[17] und besitzt damit weitgehend instrumentellen Charakter.

---

[12] Vgl. K. Stahl, Verbesserung der regionalen Wirtschaftsstruktur (Rahmenplan). In: H. Eberstein (Hrsg.), Abschnitt 1 III B, S. 15.

[13] Vgl. § 1 Gesetz über die Gemeinschaftsaufgabe "Verbesserung der regionalen Wirtschaftsstruktur"; H.P. Sander, Umweltschutz. In: H. Eberstein (Hrsg.), Abschnitt VIII B, S. 83.

[14] Vgl. D. Schmidt, Das Verfahren zur Gewährung von Mitteln der Gemeinschaftsaufgabe "Verbesserung der regionalen Wirtschaftsstruktur". In: H. Eberstein (Hrsg.), Abschnitt IC, S. 76.

[15] Vgl. D. Schmidt, S. 78.

[16] Abbau der Disparitäten über die Induzierung von Wachstumsprozessen in den Fördergebieten.

[17] Vgl. M. Streit, Theorie der Wirtschaftspolitik. 3. Aufl., Düsseldorf 1983, S. 133ff.

Verglichen mit dieser Regionalpolitik hat die Umweltpolitik eine anders aufgebaute Zielstruktur. Ihr komplexes Oberziel dient

- einmal dem Schutz bzw. der Steigerung der menschlichen Gesundheit bzw. des menschlichen Wohlbefindens und
- zum anderen dem Schutz der "Natur an sich".

Das erste Teilziel baut auf der anthropogenen oder anthropozentrischen Begründung des Umweltschutzes auf, die zweite auf einem von Nutzenüberlegungen abgekoppelten Eigenrecht der Natur.

Auf eine ausführliche Diskussion der verschiedenen Begründungsversuche soll hier verzichtet werden. Um die Verknüpfungspunkte zwischen Regional- und Umweltpolitik aufzuzeigen, reicht es aus, vom ersten Teilziel auszugehen.

Das so charakterisierte Oberziel soll über eine Konservierung der Ressourcenqualität und ihre effiziente Nutzung realisiert werden.

- Das Effizienzanliegen zielt hierbei darauf ab, das Nutzungspotential von Ressourcen in jene Richtungen zu lenken, die den höchsten Nutzen stiften.
- Das Konservierungsanliegen möchte hingegen eine Mindestqualität ubiquitärer Ressourcen und Umweltgüter, die lediglich an bestimmten Standorten vorkommen, sichern. Es berücksichtigt außerdem intertemporale Gerechtigkeitsvorstellungen.

Effizienz- und Konservierungsziele besitzen somit in der Umweltpolitik instrumentellen Charakter. Andererseits ist das Effizienzziel aber auch ein Zwischenziel des Wunsches nach wirtschaftlichem Wachstum, denn effizienter Ressourceneinsatz erweitert die Produktionsmöglichkeiten einer Volkswirtschaft.

Die Zielstrukturen der beiden Politikbereiche fallen insbesondere in Hinblick auf die Oberziele nicht zusammen. Während sich die Regionalpolitik auf den Abbau wirtschaftlicher Disparitäten durch Induzierung regionaler Wachstumsprozesse konzentriert, will Umweltpolitik Umweltqualität zugunsten der menschlichen Gesellschaft bzw. der "Natur an sich" schützen. Positive Überschneidungen liegen auf der Ebene der Zwischenziele vor, wenn sparsamer und effizienter Ressourceneinsatz nicht nur die Entwicklungschancen erhöht, sondern auch dem Konservierungsanliegen dient, da Ressourcenvergeudung verhindert wird.

Eine Integration von Regional- und Umweltpolitik könnte theoretisch notwendig werden, wenn sich ihre Zwischenziele und Instrumente positiv oder negativ überschneiden. Zielkonflikte oder ausgeprägte Zielharmonie drücken hierbei Vernetzungen zwischen den beiden Politikbereichen aus und deuten auf einen grundsätzlichen Koordinations- und Integrationsbedarf hin[18]. Wird die Umweltpolitik aktiv

---

18 Vgl. R. Frey, Begründung einer stärkeren Dezentralisierung politischer Entscheidungen aus der ökonomischen Theorie des Föderalismus. In: F. Schuster (Hrsg.) [II], Dezentralisierung des poli-

bzw. versucht die Regionalpolitik regionales Wachstum zu induzieren, können in der Realität wechselseitige Nebenwirkungen auftreten. Die Frage ist, ob diese Überschneidungen bzw. die Ziel- und Zwischenzielbeziehungen ausreichen[19], um sie auch ressort- oder fachpolitikmäßig unter einem Dach zusammenzufassen.

Da die regionalwirtschaftliche Entwicklung von Umweltgütern und Ressourcen mitbestimmt wird, sind sich regionale Wirtschafts- und Umweltpolitik nicht völlig fremd. Umweltgüter können, wie bereits betont wurde, die Rolle eines Entwicklungsengpasses und einer Einkommensquelle übernehmen. So ist Umweltqualität oft ein Nadelöhr regionalen Wachstums. Z.B. verschärfen die kontaminierten Böden und Industriebrachen den Flächenengpaß in altindustriellen Regionen. Ihre Regenerierung verbessert die Umweltversorgung dieser Regionen und kommt sowohl einem Umweltschutz- als auch einem Wachstums- und Entwicklungsanliegen entgegen[20].

Wenn Restriktionen von seiten der natürlichen Umwelt Entwicklungsprozesse behindern, schlägt sich dies auch in den Förderindikatoren der Gemeinschaftsaufgabe nieder. Umweltrestriktionen wirken wie Engpässe bei der Faktorausstattung, der Lage, dem Agglomerationsgrad usw. Das Ergebnis macht sich in einem regionalen Entwicklungsrückstand bemerkbar. Die Gemeinschaftsaufgabe "Verbesserung der regionalen Wirtschaftsstruktur" reflektiert diese Defizite mit Hilfe ihrer Förderindikatoren und stellt im Förderfall Mittel bereit, ohne deren Verwendungsrichtung jedoch zu präjudizieren. Wenn Investitionen im Bereich des technischen Umweltschutzes hohe regionale Entwicklungsbeiträge in Aussicht stellen, werden die Akteure im kommunalen bzw. privaten Sektor das Förderangebot annehmen. Ohne explizite Umweltorientierung vermag die Regionalförderung darum umweltrelevante Entwicklungsengpässe zu beseitigen.

Natürliche Ressourcen sind auch häufig Quelle regionalen Wohlstands, weil sie regionsexterne Einkommen (Tourismus, Naherholung usw.) auf ihren Standort lenken. Die Pflege interregional nachgefragter Naturraumpotentiale muß folglich auch in der wachstums- und ausgleichsorientierten regionalen Wirtschaftsförderung kein Fremdkörper sein. Die Gemeinschaftsaufgabe trägt dem Rechnung, indem auch Investitionen gefördert werden, die auf den Umweltbereich zurückwirken und regionsexterne Nachfrage binden.

Soweit sich folglich Umwelt- und Regionalpolitik auf der Ebene der Zwischenziele positiv berühren, ergibt sich kein expliziter Integrationsbedarf. Anders sieht es

---

tischen Handelns, Band I. (Forschungsberichte der Konrad-Adenauer-Stiftung, Band 3.) St. Augustin 1979, S. 24ff.

[19] Vgl. auch D. Ewringmann u.a., S. 166f.

[20] Vgl. P. Klemmer [X], Reaktivierung kontaminierter Standorte und Strukturpolitik. In: ENTSORGA eGmbH (Hrsg.), Altlastensanierung und Entsorgungswirtschaft. (Entsorga-Schriften, Band 4.) Frankfurt 1988, S. 102ff.; Micheel, B., Mobilisierungshemmnisse bei der Revitalisierung kontaminierter Industrie- und Gewerbebrachen. In: H.-L. Jessberger (Hrsg.), Erkundung und Sanierung von Altlasten. Rotterdam 1989, S. 37ff.

möglicherweise aus, wenn sich Konflikte zwischen Einkommens- und Umweltzielen einstellen.

2.2. Zielkonflikte

Der praktischen Regionalpolitik sind Zielkonflikte nicht fremd. Bisher beschränkten sie sich vor allem auf Elemente oder Teilanliegen des Einkommensziels. So werden quantitative und qualitative Arbeitsmarktanliegen auf der Basis des aggregierten Zielindikators abgewogen. Aufgrund der ökonomischen Zusammenhänge zwischen beiden Zielsetzungen kann dort nicht von völlig substituierbaren Beziehungen, sondern eher von peripher substituierbaren ausgegangen werden.

Während sich diese Konflikte auf Subziele im Rahmen des generellen Arbeitsmarktanliegens konzentrieren, würden mit einer hinzutretenden umweltpolitischen Orientierung der Regionalpolitik qualitativ andere Zielkonflikte ausgelöst, induzieren doch einkommensschaffende Wirtschaftsaktivitäten zumeist in der einen oder anderen Form zusätzliche Umweltbelastungen[21]. Der Wunsch nach ausgeglichenen oder mindestens zu erhaltenden Umweltqualitäten im Raum ist deshalb nicht immer als Subziel des Einkommensanliegens anzusehen. Da zwischen Umweltqualitätszielen und (monetären) Einkommenszielen ausgeprägte Zielkonflikte bestehen, sind kompliziertere Substitutionsentscheidungen zu fällen. Sie werden notwendig, wenn[22]

- im ländlichen Raum die Biotopsicherung die Palette der Möglichkeiten der Flächennutzung einschränkt[23],
- touristische Aktivitäten zugunsten des Umweltschutzes zurückstehen sollen oder
- die Ausdehnung von Gewerbeflächen mit Raumansprüchen des Naturschutzes konkurriert.

Während sich die regionale Wirtschaftspolitik heute auf die Verbesserung der quantitativen und qualitativen Arbeitsmarktbedingungen in den Fördergebieten konzentriert und dabei allerdings auch Restriktionen des Umweltschutzes zu beachten hat, müßte in Zukunft innerhalb der Regionalpolitik noch explizit zwischen Einkommens- und Umweltzielen abgewogen werden[24].

---

21 Vgl. auch D. Ewringmann u.a., S. 206ff.
22 Für externe Leistungen von Regionen vgl. das vierte Kapitel.
23 Vgl. auch H. Karl, Stadt- und Regionalentwicklung unter dem Einfluß neuer wasserwirtschaftlicher Technologien. Bochum 1990.
24 Vgl. P. Klemmer [XI], Räumliche Auswirkungen der Umweltschutzpolitik. In: Akademie für Raumforschung und Landesplanung (Hrsg.) [IV], Umweltvorsorge durch Raumordnung. Referate und Diskussionsberichte anläßlich der Wissenschaftlichen Plenarsitzung 1983 in Wiesbaden. (Forschungs- und Sitzungsberichte, Band 158.) Hannover 1984, S. 25f.; P. Klemmer [III], S. 61ff.

Um zu einer annähernd konsistenten Zielhierarchie zu gelangen, müßte eine Präferenzfunktion existieren, die Umwelt- und Einkommensziele bewertet und Informationen über die Substitutionsbeziehungen liefert[25]. Sie müßte beispielsweise darüber informieren, in welchem Umfang eine Minderung des Regionaleinkommens zugunsten einer verbesserten Umweltqualität akzeptiert werden kann. Eine solche Funktion kann wohl diktatorisch formuliert werden, aber es erscheint illusionär, einen Modus zu formulieren, der auf den Bewertungsentscheidungen der Bevölkerung beruht und diese widerspiegelt[26]. Dies scheitert bereits daran, daß die dafür notwendigen Informationsvoraussetzungen nicht erfüllbar sind und die Regionalpolitik überfordern.

Die Zielkonflikte zwischen Umweltqualität und wirtschaftlicher Entwicklung dokumentieren die sachlichen Unterschiede zwischen beiden Oberzielen der Politikbereiche. Ihre Spannweite ist zu groß, um als Zielkonflikt innerhalb einer Fachpolitik entschieden werden zu können. Gerade um die Substitutions- und Rivalitätsbeziehungen zu erkennen, kann es sinnvoll sein, Abwägungsentscheidungen nicht innerhalb eines Ressorts zu treffen, sondern "konkurrierende" Einrichtungen zu schaffen, die innerhalb bestimmter Restriktionen[27] selbstverantwortlich aktiv werden. Dies setzt voraus, daß die politischen Organe über Zielkonflikte entscheiden und anschließend Restriktionen sowie Rahmenbedingungen für die einzelnen Fachpolitiken setzen.

Dieser Argumentation könnte entgegengehalten werden, daß schließlich auch eine politisch vermittelte Abstimmung zwischen den Ressorts Umwelt- und Regionalpolitik nicht auf der Basis einer Präferenzfunktion beruht. Dies ist zutreffend, aber spinnt man den Gedanken weiter, könnte die fehlende Präferenzfunktion zum Anlaß genommen werden, jegliche raumwirksame Politik (etwa Sozial-, Agrar-, Industrie- und Technologiepolitik) unter dem Dach der Regionalpolitik oder regionalen Wirtschaftspolitik zu koordinieren. Einem solchen Vorhaben stehen die Nachteile der einseitigen Kompetenzzentralisierung gegenüber, wie sie von der ökonomischen Theorie der Politik und des Föderalismus aufgezeigt werden[28]. Sie bestehen etwa in

- Machtvorsprüngen dieser Bürokratie gegenüber anderen Verwaltungen und Politikern,

- Kontrollproblemen,

- geringeren Sanktionsmöglichkeiten von seiten des Wählers, da Verwaltungen keinem zeitlich begrenzten Mandat unterliegen.

---

25 Vgl. P. Klemmer [XI], S. 26.
26 Vgl. auch F. Dudenhöfer, Mehrheitswahl - Entscheidungen über Umweltnutzungen. Frankfurt u.a. 1983, bzw. K. Zimmermann, Umweltpolitik und Verteilung. Köln 1981.
27 Vgl. das fünfte Kapitel.
28 Vgl. R. Frey, S. 31ff.

Somit stellt eine getrennte Gestaltung von Fachpolitiken eher die Chance in Aussicht, daß Präferenzen der Wohnbevölkerung oder zumindest die von der Exekutive gewählten Bewertungsverfahren aufgedeckt werden.

2.3. Regionale Dimension

Neben sich überschneidenden Zielsetzungen sind beide Politikbereiche miteinander vernetzt, weil sie gemeinsam in sich überlappenden Raumausschnitten agieren. Ein Beispiel dafür sind alte Industrieregionen. Ihre Wachstumsschwäche und Umweltgütedefizite haben die regionale Struktur- und Umweltpolitik auf den Plan gerufen[29]. Aber auch im ländlichen Raum treffen Regional- und Umweltpolitik aufeinander. Zum einen ist der ländliche Raum in Hinblick auf eine gleichgewichtige Einkommensentwicklung Förderobjekt der regionalen Wirtschaftspolitik, zum anderen ruft die landwirtschaftliche Flächennutzung zahlreiche Umwelt- und Naturschutzprobleme hervor, die für diesen Raumtyp kennzeichnend sind[30].

Soweit Umwelt- und Regionalpolitik innerhalb eines Raumausschnittes agieren, ergibt sich analog zu den übrigen raumwirksamen Politikbereichen ein Abstimmungsbedarf. Da aber, wie später noch ausführlicher dargelegt wird, beide Politikbereiche mit verschieden abgegrenzten Räumen arbeiten, scheitert eine Integration im Rahmen der Gemeinschaftsaufgabe vermutlich bereits an der völlig unterschiedlich ausfallenden Regionalisierung[31].

Faßt man die Argumente zusammen, ergibt sich aus den bestehenden Überschneidungen und Affinitäten noch kein zwingender Grund, Umwelt- und Regionalpolitik unter dem Dach der Regionalpolitik zusammenzufassen. Die sachliche Verknüpfung der Aufgabenstellung von Regional- und Umweltpolitik reicht wohl nur aus, um einen allgemeinen Abstimmungsbedarf zwischen beiden Politikbereichen zu begründen. Soweit die Regionalpolitik negativ auf das Umweltziel bzw. die Umweltpolitik negativ auf die regionalen Arbeitsmarktanliegen wirken, können regionale umweltpolitische Restriktionen Rahmenbedingungen schaffen, die Konflikte eher minimieren und beide Bereiche so aufeinander abstimmen, daß weder die umweltpolitischen noch die regionalpolitischen Anliegen ressortintern "verbogen" werden.

Wie bereits betont wurde, wird den umweltpolitischen Restriktionen dann am besten Rechnung getragen, wenn sie in Form ökonomischer Signale, das sind in der

---

29 Vgl. etwa D. Ewringmann u.a., S. 171; H. Zimmermann, Ökonomische Anreizinstrumente in der Umweltpolitik - Einsatzbegründung, Formen sowie die Wirkungen in verschiedenen Typen von Verdichtungsgebieten. (RUFIS-Beiträge, Nr. 4/1984.) Bochum 1984, S. 47ff.; F. Feddersen und R. Kruck, unter Leitung von K.-H. Hansmeyer, Der Einfluß der Umweltpolitik auf die wirtschaftliche Entwicklung in den Ballungsräumen. (Schriften der Gesellschaft für Regionale Strukturpolitik, Band 11.) Bonn 1982; P. Klemmer [XII], Defizite im Wirtschaftsraum Rhein-Ruhr. "Idee Ruhr", Dortmund, Jg. 4 (1988), S. 18ff.
30 Vgl. Der Rat von Sachverständigen für Umweltfragen (Hrsg.) [I], Umweltprobleme der Landwirtschaft. Sondergutachten, März 1985. Stuttgart und Mainz 1985.
31 Vgl. zweites Kapitel, Abschnitt 3.3.

Regel Preiseffekte, bei der Standortentscheidung einzelwirtschaftlicher Aktivitäten Berücksichtigung finden. Im Einzelfall muß die regionale Wirtschaftspolitik dann hinnehmen, daß die preisbedingten Ansiedlungshemmnisse stärker sind als die von der Regionalförderung gesetzten Anreize.

Läßt man trotzdem die bisher skizzierten grundsätzlichen Probleme außer acht und strebt man wider alle Bedenken eine umweltpolitische Erweiterung des Zielkatalogs der Regionalpolitik an, kann dies auf verschiedene Art und Weise geschehen. Die Gemeinschaftsaufgabe "Verbesserung der regionalen Wirtschaftsstruktur" könnte

- Umweltdefizite unmittelbar als Selektionskriterium bzw. förderwürdigen Tatbestand aufgreifen,

- mit Hilfe des Infrastrukturindikators umweltrelevante Beobachtungsmerkmale berücksichtigen oder

- Regionen mit Umweltleistungen, die finanziell nicht honoriert werden, aber mit Kosten und Entwicklungseinbußen verbunden sind, kompensieren.

Auf diese Überlegungen und ihre Probleme soll nachfolgend näher eingegangen werden.

Zweites Kapitel

Erfassung von Umweltdefiziten innerhalb des Indikatorenkatalogs der Regionalpolitik

1. Methodische Probleme

1.1. Überblick

Will sich die Regionalpolitik trotz dieser Bedenken dem Umweltanliegen stärker widmen, benötigt sie eine differenzierte Bestandsaufnahme der Umweltqualität in den einzelnen Teilräumen, um Qualitätsdisparitäten zu erfassen. Werden Umweltdefizite als Förderkriterien aufgegriffen, wäre das Indikatorensystem der regionalpolitischen Gemeinschaftsaufgabe um einen Umweltindikator zu ergänzen. Ähnlich wie die wirtschaftliche Entwicklung über die Arbeitslosenquote und die beiden Einkommensgrößen gemessen und verglichen wird, müßte auch Umweltqualität mit Hilfe entsprechender Beobachtungsmerkmale umschrieben werden. Neben hohen wirtschaftlichen Entwicklungsdefiziten könnten Umweltdefizite zusätzlicher Anlaß für eine Förderung werden.

Umweltindikatoren kennen jedoch eine Reihe von Problemen, über die man sich zuvor Klarheit verschaffen sollte. Folgt man den Vorstellungen der räumlichen Entwicklungspolitik[1], werden die Lebensbedingungen von der in einem Teilraum ansässigen Wohnbevölkerung in der Regel dann akzeptiert, wenn in der Region[2]

- ein ausreichendes Einkommen erzielt werden kann,

---

[1] Vgl. D. Fürst, P. Klemmer und K. Zimmermann, S. 104ff.; J. Braedt, Indikatoren. In: Akademie für Raumforschung und Landesplanung (Hrsg.) [V], Daten zur Raumplanung. Teil A. Hannover 1981, Abschnitt A V.2.2 (2).

[2] Vgl. H.P. Gatzweiler, Die Ermittlung der Gleichwertigkeit regionaler Lebensbedingungen mit Hilfe von Indikatoren. In: Akademie für Raumforschung und Landesplanung (Hrsg.) [VI], Gleichwertige Lebensbedingungen durch eine Raumordnungspolitik des mittleren Weges, Indikatoren, Potentiale, Instrumente. (Forschungs- und Sitzungsberichte, Band 140.) Hannover 1983, S. 25ff.; auf kommunaler Ebene kann eine Fülle weiterer qualitativer Komponenten relevant werden. Vgl. etwa W. Bormann, Der Attraktivitätsfaktor als Beitrag zur Indikatorisierung der Lebensqualität. In: Institut für Umweltschutz der Universität Dortmund (Hrsg.), Umweltindikatoren als Planungsinstrument. (Beiträge zur Umweltgestaltung, Nr. 11.) Berlin 1977, S. 68ff.

- eine zufriedenstellende Versorgung der Wohnbevölkerung mit (nicht transportierbaren) öffentlich und privatwirtschaftlich angebotenen Dienstleistungen gewährleistet ist,
- in quantitativer und qualitativer Hinsicht ausreichend Wohnraum zur Verfügung steht und
- die Umweltbedingungen als ausreichend empfunden werden.

Während bei der Messung regionaler Unterschiede in der Einkommens- und Güterversorgung bereits auf einen Satz mehr oder weniger allgemein akzeptierter Indikatoren zurückgegriffen werden kann, gilt dies für die Erfassung regionaler Umweltqualitäten noch nicht. So baut beispielsweise die regionale Arbeitsmarktberichterstattung auf einem weitgehend eingespielten Kanon von Indikatoren auf[3], in dessen Besitz die Umweltberichterstattung noch lange nicht ist. Vielmehr existiert eine Vielzahl von Indikatoren, die in Hinblick auf ihre Tauglichkeit für eine regionale Umweltberichterstattung[4] noch kaum überprüft wurden[5].

Bereits der Beirat für Raumordnung versuchte, interregionale Umweltqualitätsdisparitäten zu messen. Er entwarf einen Indikatorenkatalog, der auch der Erfassung und Bewertung regionaler Umweltbedingungen dienen soll[6]. Diese Arbeiten waren für die damalige Zeit verdienstvoll, erweisen sich aber in der Zwischenzeit als änderungs- und ergänzungsbedürftig[7], denn die Empfehlungen des Beirats für Raumordnung leiden darunter, daß[8]

- die Auswahl von Beobachtungsmerkmalen zu wenig theorie- und zweckgeleitet ist,
- das Umweltmedium Boden weitgehend ausgeblendet wird,

---

[3] Vgl. etwa A. Ortmeyer, unter Mitarbeit von B. Bremicker und P. Klemmer, Regionale Arbeitsmarktanalyse für die Bundesrepublik Deutschland 1983. Bochum 1984.

[4] Vgl. W. Hülsmann und B. Rosenfeld, Umweltinformationsinstrumente für die Landesplanung Nordrhein-Westfalens. Grundstruktur einer Methode zur räumlichen Darstellung und Bewertung der natürlichen Lebensgrundlagen. (Kurzberichte zur Landes- und Stadtentwicklungsforschung, Band 1/82.) Dortmund 1982, S. 30ff.

[5] Siehe dazu auch C. Stahmer, Umweltqualität und gesamtwirtschaftliche Wohlfahrtsmessung. In: U.P. Reich und C. Stahmer (Hrsg.), Gesamtwirtschaftliche Wohlfahrtsmessung und Umweltqualität. Frankfurt 1983, S. 113ff.

[6] Vgl. Beirat für Raumordnung (Hrsg.), Empfehlungen vom 16. Juni 1976., Bonn 1976, hier zitiert nach R. Thoss, Zur Integration ökologischer Gesichtspunkte in die Raumordnungspolitik. In: K. Buchwald und W. Engelhardt (Hrsg.) [I], Handbuch für Planung, Gestaltung und Schutz der Umwelt. Band 3: Die Bewertung und Planung der Umwelt. München 1980, S. 180f.

[7] Mit den Vorschlägen des Beirats für Raumordnung setzt sich auch Plogmann auseinander. Vgl. J. Plogmann, Zur Konkretisierung der Raumordnungsziele durch gesellschaftliche Indikatoren - Ein Diskussionsbeitrag zu der Empfehlung des Beirats für Raumordnung vom 16. Juni 1976. (Beiträge zum Siedlungs- und Wohnungswesen und zur Raumplanung, Band 44.) Münster 1977, S. 16ff.

[8] Zu den Anforderungen an Indikatoren siehe auch F. Gehrmann, Sozialindikatoren - Ein Lehrbeispiel für Umweltindikatoren. (Wissenschaftszentrum Berlin, discussion papers, no. 82-10.) Berlin 1982, S. 2f.

- räumlichen Einflüssen bei der Erfassung der Umweltqualität nicht ausreichend Aufmerksamkeit geschenkt wird,

- zahlreiche Ansätze, die sich gleichfalls darum bemühen, regionale Umweltqualität zu operationalisieren, vernachlässigt wurden[9].

Als weiterer Kritikpunkt ließe sich anfügen, daß methodische Anforderungen, die bei der Bildung von Umweltindikatoren erfüllt werden sollten, völlig vernachlässigt wurden. Alle hier aufgeführten Einwendungen gelten im übrigen auch für den Raumordnungsbericht[10]. Ähnlich wie beim Beirat für Raumordnung erscheinen auch dort die zusammengestellten Umweltdaten und Indikatoren wenig strukturiert und zielgerichtet konzipiert.

Bei jeder quantitativen Erfassung der Lebensbedingungen sind einige methodische Grundfragen abzuklären. Die methodischen Probleme einer auf Indikatoren gestützten Umweltberichterstattung stimmen hierbei über weite Strecken mit denen überein, die auch im Rahmen der Sozialindikatorenforschung behandelt werden. Die dort formulierten Überlegungen[11] geben Hinweise für die Methodik einer Analyse der regionalen Umweltqualität, soweit es darum geht, Umweltindikatoren

---

9   Zu den bisherigen Versuchen, die Umweltkomponenten in die räumliche Berichterstattung aufzunehmen, vgl. H.P. Gatzweiler und J. Schmallenbach, Aktuelle Situation und Tendenzen der räumlichen Entwicklung im Bundesgebiet. "Informationen zur Raumentwicklung", Jg. 1981, S. 751ff.; Der Bundesminister für Raumordnung, Bauwesen und Städtebau (Hrsg.) [I], Indikatoren zur Raum- und Siedlungsstruktur im bundesweiten Vergleich (Indikatorenkatalog), Ergebnisse der Beratungen im Rahmen der Ministerkonferenz für Raumordnung 1975/1983 mit Berechnungen der Bundesforschungsanstalt für Landeskunde und Raumordnung. Bonn 1983, S. 139ff.; Institut für Landes- und Stadtentwicklungsforschung des Landes Nordrhein-Westfalen (Hrsg.), Überprüfung der Sockelgleichwertigkeit in den Oberbereichen Nordrhein-Westfalens mit Hilfe der Indikatoren des Beirats für Raumordnung. Bearbeitung im Aufgabenbereich III. Dortmund 1983; R. Klein und O. Peithmann, Umweltindikatoren in der Regional- und Landesplanung am Beispiel der Freizeit- und Fremdenverkehrsplanung. In: Institut für Umweltschutz der Universität Dortmund (Hrsg.), S. 52ff.; E.R. Koch und F. Vahrenholt, Die Lage der Nation. Umweltatlas der Bundesrepublik - Daten, Analysen, Konsequenzen. Hamburg 1983; V. Kroesch, Indikatoren zur laufenden Raumbeobachtung des Bereichs Umwelt im kleinen Maßstab. In: Institut für Umweltschutz der Universität Dortmund (Hrsg.), S. 41ff.; R. Thoss und W. Michels, Räumliche Unterschiede der Lebensbedingungen in Nordrhein-Westfalen, gemessen anhand von Indikatoren des Beirats für Raumordnung. In: Akademie für Raumforschung und Landesplanung (Hrsg.) [VII], Funktionsräumliche Arbeitsteilung und ausgeglichene Funktionsräume in Nordrhein-Westfalen. (Forschungs- und Sitzungsberichte, Band 163.) Hannover 1985, S. 73ff.

10 Vgl. Der Bundesminister für Raumordnung, Bauwesen und Städtebau (Hrsg.) [II], Raumordnungsbericht 1986. Bonn 1986, S. 118f.

11 Vgl. M. Dierkes, Gesellschaftsbezogene Berichterstattung. Was lehren uns die Experimente der letzten 10 Jahre? (Wissenschaftszentrum Berlin, discussion papers, no. 84-5.) Berlin 1984; J. Drenowski, On Measuring and Planning the Quality of Life. (Publications of the Institute of Social Studies, vol. 11.) Paris 1974; C. Leipert, Gesellschaftliche Berichterstattung - Eine Einführung in Theorie und Praxis sozialer Indikatoren. Berlin u.a. 1978; W. Zapf (Hrsg.) [I], Soziale Indikatoren. Konzepte und Forschungsansätze I. Frankfurt und New York 1974; W. Zapf (Hrsg.) [II], Soziale Indikatoren. Konzepte und Forschungsansätze II. Frankfurt und New York 1974; W. Zapf (Hrsg.) [III], Soziale Indikatoren. Konzepte und Forschungsansätze III. Frankfurt und New York 1975; F. Gehrmann, S. 83ff.

- auszuwählen,
- zu aggregieren,
- zu gewichten,
- zu regionalisieren

und anschließend einem Förderindikator der Gemeinschaftsaufgabe zuzuordnen.

1.2. Indikatorenauswahl und Umweltqualitätsbegriff

Ein Indikator ist ein statistisch meßbares Beobachtungsmerkmal, dessen Ausprägung einen bestimmten Sachverhalt charakterisieren soll[12]. Für den Bereich der Umweltindikatoren rücken bei einer medialen Betrachtung Luft, Boden und Wasser als Beobachtungsobjekte in den Mittelpunkt, über die mit Hilfe geeigneter Indikatoren Qualitätsaussagen getroffen werden, die dann in die Gemeinschaftsaufgabe eingehen[13]. Um Güteurteile abgeben zu können, muß der Begriff der Luft-, Wasser- und Bodenqualität zumindest in Umrissen abgesteckt sein, damit überhaupt beobachtbare Merkmale der Umweltmedien benannt werden können, die eine Indikatorfunktion ausüben sollen.

Wenn die regionale Umweltqualität an der Güte der Umweltmedien Boden, Wasser und Luft gemessen werden kann, wäre zu fragen, welche Eigenschaften der Medien bei ihrer Gütebewertung Eingang finden sollten[14]. Versteht man unter Umweltgüte die Fähigkeit von Umweltmedien, für bestimmte Nutzungen oder Zwecke geeignet zu sein, müssen die Nutzungsansprüche, die der Mensch gegenüber Luft, Boden und Wasser artikuliert, charakterisiert werden[15]. Umweltqualität wird dann daran gemessen, ob und wie Umweltgüter für die Nutzung in verschiedenen Verwendungsrichtungen tauglich sind[16].

---

[12] Vgl. H.J. Krupp und W. Zapf, Indikatoren. In: W. Albers u.a. (Hrsg.), Handwörterbuch der Wirtschaftswissenschaft, Band 4. Stuttgart 1978, S. 119ff.

[13] Vgl. W. Hülsmann und B. Rosenfeld, S. 30.

[14] Vgl. P. Klemmer [XIII], Umweltinformationen aus dem Wirtschafts- und Sozialbereich. In: Statistisches Bundesamt (Hrsg.), Statistische Umweltberichterstattung. Ergebnisse des 2. Wiesbadener Gesprächs am 12./13.11.1986. (Schriftenreihe Forum der Bundesstatistik, Band 7.) Stuttgart und Mainz 1987, S. 79ff.

[15] Zur Notwendigkeit nutzungs- und funktionsbezogener Aussagen vgl. Der Rat von Sachverständigen für Umweltfragen (Hrsg.) [I], Ziffer 665ff.; P. Klemmer [XIII]; J. Pietsch, unter Mitarbeit von F.J. Wallmeyer, Bewertungssystem für Umwelteinflüsse - Nutzungs- und wirkungsorientierte Belastungsermittlungen auf ökologischer Grundlage. Köln u.a. 1983.

[16] Vgl. dazu H. Karl, P. Klemmer, B. Micheel, unter Mitarbeit von M. Junkernheinrich, Regionale Umweltberichterstattung, Grundlagen nutzungsorientierter Indikatoren zur Beschreibung regionaler Umweltqualität. (Beiträge zur Struktur- und Konjunkturpolitik, Band 27.) Bochum 1988, S. 4ff.; H. Karl und P. Klemmer [II], Gewässergüteindikatoren der Raumplanung, Nutzwertanalysen als Grundlage für die Bestimmung von Gewässergüteindikatoren. In: Akademie für Raumforschung und Landesplanung (Hrsg.) [II], S. 125ff.

Schaubild 1

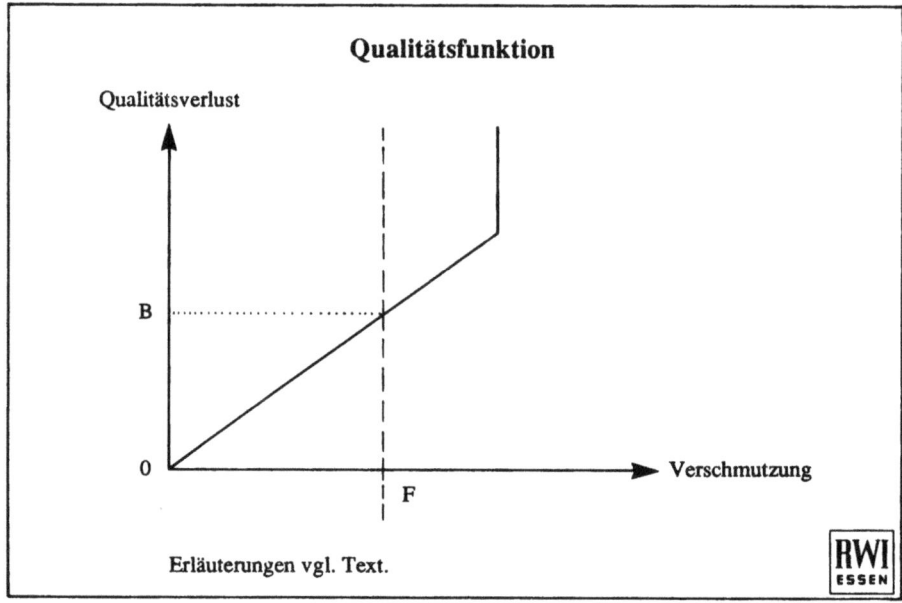

Dieser hier favorisierte nutzungsorientierte Umweltgütebegriff erlaubt es, nachvollziehbar jene Eigenschaften von Wasser, Luft und Boden zu benennen, die darüber entscheiden, ob sie bestimmte Zwecke erfüllen können. Sind die relevanten Nutzungswünsche bekannt, können aus der Vielzahl biologischer, physikalischer und chemischer Zustandsmerkmale von Umweltmedien zielgerichtet solche ausgewählt werden, die als Indikatoren für Güteeigenschaften zu fungieren vermögen. Die Selektion beruht auf der Basis eines naturwissenschaftlich nachweisbaren Zusammenhangs zwischen relevanter, beobachtbarer Eigenschaft und Zweckerfüllung. Existiert dieser, kann vom Beobachtungsmerkmal auf die Umweltgüte geschlossen werden[17].

Hat man sich grundsätzlich für einen nutzungsorientierten Gütebegriff entschieden, stellt sich die Frage, welche Nutzungen im Rahmen einer Umweltberichterstattung reflektiert werden sollen. Der Mensch nimmt Elemente der Umwelt direkt für seinen Konsum oder indirekt über vorgelagerte Produktionsstufen in Anspruch. Er nutzt sie im Interesse seiner Produktions- und Konsumptionsbedürfnisse[18]. Vor ihrem Hintergrund interessiert er sich für eine Reihe von Leistungen oder Funktionen, die Luft, Boden und Wasser im Stoffkreislauf erbringen. Sie können als

- Produktions-,
- Regelungs-,

---

[17] Vgl. auch W. Hülsmann und B. Rosenfeld, S. 49f.
[18] Vgl. P. Klemmer [XIII], S. 85.

- Lebensraum-

funktion umschrieben werden, die in der einen oder anderen Weise ausgenutzt werden, um Produktions- und Konsumwünsche von Menschen zu befriedigen.

Der Hinweis auf die Regelungs- und Lebensraumfunktion deutet hier bereits an, daß eine anthropozentrische Orientierung nicht damit gleichbedeutend sein muß, die Ansprüche niederer Spezies und Pflanzen auszublenden[19]. Dies verbietet sich bereits insofern, als anthropogene Nutzung auch auf sie angewiesen ist, vermögen sie doch z.B. Schadstoffe in Gewässern und Böden abzubauen. Die ökonomische Theorie des Naturschutzes hat außerdem gezeigt, daß den Tier- und Pflanzenarten ein Optionswert zukommt, d.h. daß sie knapp und nützlich sind und es eine Reihe von ökonomischen Motiven gibt, die Regelungs- und Lebensraumfunktion zugunsten von Arten zu schützen[20]. Es finden sich somit gute Gründe, den Begriff "anthropozentrisch" nicht zu eng auszulegen und neben den Nutzungsinteressen der Menschen auch die Lebensraumansprüche von Tier- und Pflanzenarten zu berücksichtigen[21].

Vor dem Hintergrund völlig allgemein angegebener Produktions- und Konsumnutzungen kann die Güte von Luft, Boden und Wasser konkret an ihrer Fähigkeit gemessen werden, Produktions-, Konsumptions- und Lebensraumansprüche zu befriedigen sowie Regelungsfunktionen auszuüben. Die Güteaussage hängt hierbei davon ab, ob die beobachtbaren Eigenschaften von Luft, Wasser und Boden und den Stoffkreisläufen zwischen ihnen die gewünschte Verwendung erlauben oder nicht. Der Güteaussage liegt somit ein bestimmtes Wert- und Zielsystem zugrunde. Es ist zwar als solches wissenschaftlich nicht begründbar, ist aber notwendig, um aus der Vielzahl beobachtbarer Eigenschaften von Umweltgütern die relevanten überhaupt selektieren zu können. Gleichzeitig besteht ein weiterer Vorteil eines solchen Ansatzes darin, die Güteaussagen nachprüf- und objektivierbar zu machen, weil das Ziel- und Wertsystem expliziert werden muß[22].

Bei einem subjektiv gefärbten Gütebegriff bereitet es vor allem Probleme zu entscheiden, welche Konsum-, Produktions- und Lebensraumansprüche im Rahmen der regionalen Umweltberichterstattung aufgenommen und wie sie gewichtet werden sollen. Letzteres ist insbesondere für konkurrierende Nutzungsanliegen von Bedeutung. Die einer Qualitätsbeurteilung zugrundezulegenden Nutzungsinteressen können sich zum Beispiel aus den politischen Vorgaben der Raumordnung und Landesplanung ergeben[23]. Hierbei sollten die konkurrierenden Ansprüche zunächst einmal gleichberechtigt behandelt werden, um zu nutzungsunabhängigen, generellen Gütekriterien zu gelangen. Es wird deshalb weitgehend auf eine Bewertung und Gewichtung der einzelnen Nutzungsinteressen verzichtet, weil im

---

19   Vgl. P. Klemmer [XIV], Ökonomie und Ökologie. Bochum 1987, S. 4ff.
20   Vgl. U. Hampicke, Naturschutz als ökonomisches Problem. "Zeitschrift für Umweltpolitik und Umweltrecht", Jg. 10 (1987), S. 157ff.
21   Vgl. dazu etwa S. Sumerer, Die Prüfung der Umweltverträglichkeit als ein Problem einer neuen Umweltethik. "Zeitschrift für angewandte Umweltforschung", Jg. 1 (1988), S. 151ff.
22   Vgl. H. Karl, P. Klemmer und B. Micheel, S. 5ff.
23   Vgl. etwa die Beiträge in Akademie für Raumforschung und Landesplanung (Hrsg.) [II].

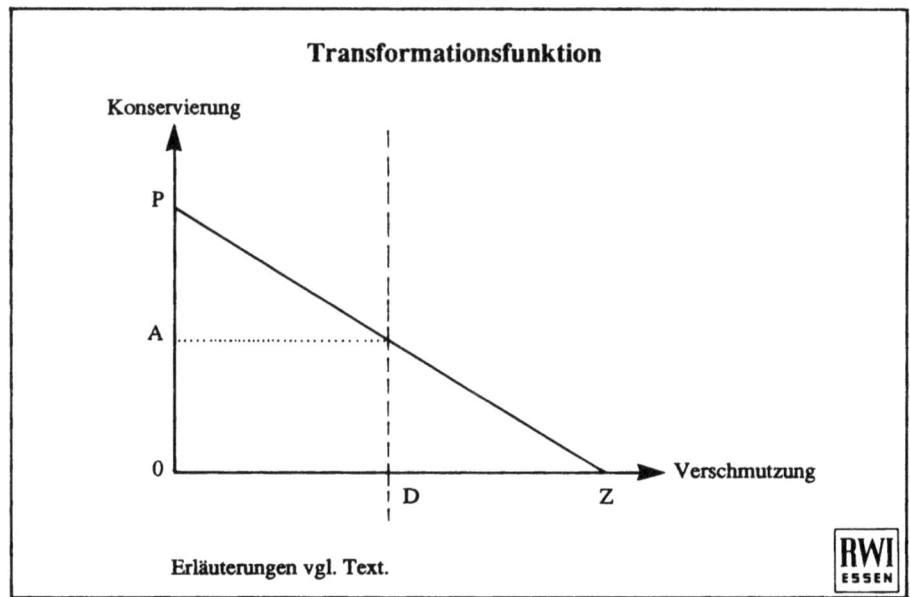

Polyvalenzgrad von Ressourcen ein für die Regionalentwicklung besonderes Gütemerkmal gesehen wird.

Polyvalenz bedeutet in diesem Zusammenhang, daß die Ressource fähig ist, mehrere konkurrierende Nutzungen zu befriedigen, ohne daß ihre Umlenkung in die eine oder andere Verwendungsrichtung mit prohibitiv hohen Umrüstkosten (Sanierungs- und Reinigungskosten u. ä.) verbunden ist. Statt von Polyvalenz kann auch von nutzungsunabhängigen Güteanforderungen oder von Querschnittsindikatoren[24] gesprochen werden[25]. Dazu werden nutzungsunabhängige Mindestgütewerte vorgegeben, die sicherstellen sollen, daß ein Querschnitt verschiedener Nutzungen realisierbar bleibt und nicht an prohibitiv hohen Kosten scheitert.

Schaubild 2 verdeutlicht beispielhaft und vereinfachend den angesprochenen Zusammenhang für zwei konkurrierende Nutzungsinteressen an einer Ressource. Das Stoffaufnahmevolumen von Luft, Wasser und Boden kann konserviert oder zu Deponierung von Stoffen genutzt werden. Im Grenzfall wird die Ressource völlig konserviert (0P), wenn sie nicht mit Stoffdepositionen belastet wird. Alternativ wäre es denkbar, das Stoffaufnahmepotential (0Z) völlig auszuschöpfen und Konservierungsinteressen zu negieren.

---

[24] Der Rat von Sachverständigen für Umweltfragen spricht hier vom allgemeinen Gütezustand. Vgl. Der Rat von Sachverständigen für Umweltfragen (Hrsg.) [II], Umweltprobleme des Rheins. Sondergutachten, März 1976. Stuttgart und Mainz 1976, S. 51.

[25] Vgl. Der Rat von Sachverständigen für Umweltfragen (Hrsg.) [III], Umweltgutachten 1987. Stuttgart und Mainz 1987, S. 267.

Auf der Geraden in Schaubild 2 liegen die maximal möglichen Kombinationen zwischen Verschmutzung und Reinhaltung. Da die zunehmende Nutzung des Deponievolumens bzw. der Ressourcenqualität in einer Verwendungsrichtung nur zu Lasten der anderen gehen kann, hat die Restriktionsgerade einen fallenden Verlauf.

Querschnittsorientierte Mindestgütestandards zielen darauf ab, nur solche Kombinationen konkurrierender Nutzungen zuzulassen, die weder die eine noch die andere Verwendungsrichtung völlig in Frage stellen. Ein Verschmutzungsgrad über 0D hinaus wäre z.B. auszuschließen, wenn man die Mindestgüte in Höhe von 0A sichern will. Querschnittsorientierte Mindeststandards schützen den Ressourcenzugang und sollen die Polyvalenzeigenschaften im Interesse aller Ressourcennutzer bewahren:

- Oft ist ein präventiver Ressourcenschutz kostengünstiger als die nachträgliche Sanierung. Die in Schaubild 3 dargestellte Phase prohibitiv hoch ansteigender Sanierungs- und Umwidmungskosten kann vermieden werden[26]. Zum Schutz vor prohibitiv hohen Umwidmungskosten (0E) und zur Sicherung gegenüber den Risiken, die aus einer irreversiblen Qualitätsminderung[27] resultieren, können etwa Mindestgütenormen bzw. Nutzungsbeschränkungen in Höhe von 0C sinnvoll sein.

- Ein recht hoher Polyvalenzgrad bietet mehr Sicherheit[28] gegenüber der Gefahr, daß im Zuge einer einseitigen Ressourcennutzung Wasser, Boden und Luft irreversibel geschädigt werden und die Umwidmungskosten steil ansteigen (vgl. Schaubild 3). Ressourcenpolyvalenz sichert somit für die Zukunft Optionen und bietet quasi einen Versicherungsschutz.

Da ein Querschnitt verschiedener Umweltnutzungen berücksichtigt und die Polyvalenz als Gütekriterium angeführt wird, deckt sich der Qualitätsbegriff der regionalen Umweltberichterstattung nicht exakt mit den Gütevorstellungen einzelner Wirtschaftssubjekte. Ein Emittent mag beispielsweise gegenüber dem Erholungswert eines Gewässers völlig gleichgültig sein. Sein Gütebegriff konzentriert sich lediglich auf seine spezielle Gewässernutzung. Die Umweltberichterstattung baut zwar auf individuellen Nutzungsinteressen eines Emittenten auf, aber sie berücksichtigt in viel stärkerem Maße auch die Wünsche anderer Wirtschaftssubjekte. Weil sie im Interesse aller versucht, eine Mindestgüte bzw. -polyvalenz zu schützen, kann sich das von ihr reflektierte Nutzungsspektrum nicht mit dem eines jeden einzelnen Wirtschaftssubjekts decken.

---

26 Vgl. in diesem Zusammenhang auch L. Wicke, Der ökonomische Wert der Umwelt. "Zeitschrift für Umweltpolitik und Umweltrecht", Jg. 10 (1987), S. 109ff.

27 Zum Risikoaspekt vgl. H. Siebert, Economics of the Environment. 2nd Ed., Berlin und Heidelberg 1987, S. 221ff.; H. Karl, Ökonomie öffentlicher Risiken in Marktwirtschaften. "Wist - Wirtschaftswissenschaftliches Studium", München und Frankfurt, Jg. 16 (1987), S. 217ff.

28 Vgl. auch K. Arrow und A.C. Fisher, Naturerhaltung, Unsicherheit und Irreversibilität. In: R. Osterkamp u.a. (Hrsg.), Umweltökonomik. Königstein 1982, S. 184ff.

Schaubild 3

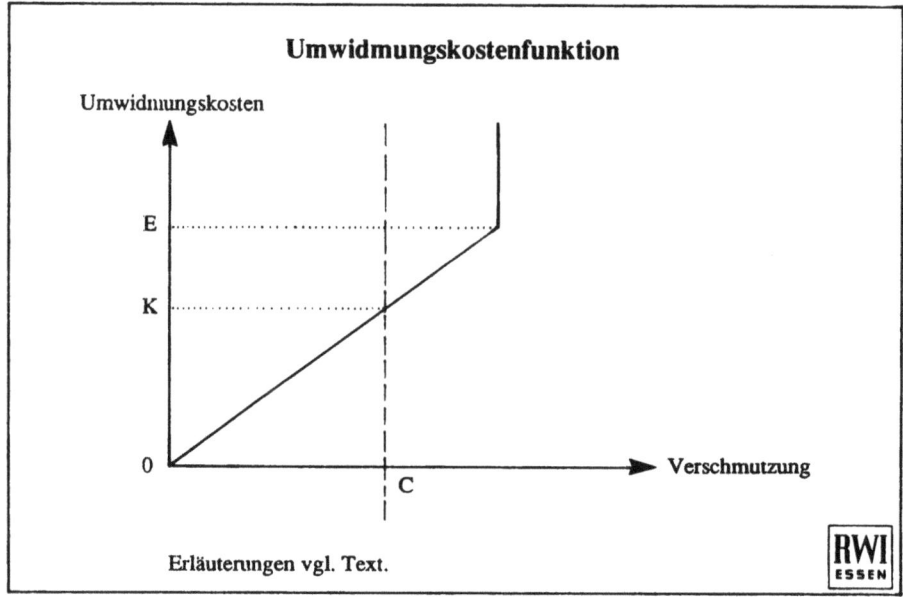

Umwidmungskostenfunktion

Erläuterungen vgl. Text.

Die Qualität der Umweltmedien Luft, Wasser und Boden allein informiert aber noch nicht abschließend über die regionale Umweltqualität. So sind die Tier- und Pflanzenarten in ihren Entwicklungs- und Lebensmöglichkeiten entscheidend von der Qualität der Umweltmedien abhängig. Verändert sich die Qualität und damit die Umwelt- und Lebensraumbedingungen von Tieren und Pflanzen, reagieren die Populationen mehr oder weniger schnell und empfindlich. Gerade um die direkten Wirkungen möglicher Qualitätsänderungen zu reflektieren, kann es daher vorteilhaft sein, den Artenbestand und seine Entwicklung als Indikator für Umweltgüte heranzuziehen[29].

1.3. Aggregationsprobleme

Eine Analyse der räumlichen Umweltqualität steht möglicherweise vor einem "Datenfriedhof", der die Frage nach einer Informationsverdichtung aufwirft. Hinsichtlich einzelner Umweltmedien ist diese Aufgabe weitgehend identisch mit dem Problem, verschiedene konkurrierende Gütevorstellungen miteinander zu kombinieren[30]. Angesichts der Komplexität der Umweltbedingungen und der Unsicherheit über die Bedeutung einzelner Gefährdungstatbestände und ihrer Folgewirkungen kann ein aussagekräftiger Gesamtindikator für Luft, Boden und Wasser derzeit kaum gebildet werden. Sofern der naturwissenschaftliche Hypothesenvor-

---

[29] Vgl. auch W. Odzuck, Umweltbelastungen. Stuttgart 1982, S. 296f.
[30] Vgl. J. Jennen und K. Zimmermann, Ein Ansatz zur Konstruktion eines Umweltgesamtindikators. Entwicklungsmöglichkeiten und Grenzen. "Jahrbücher für Nationalökonomie und Statistik", Stuttgart, Band 129 (1977/78), S. 148ff.

rat in ausgewählten Teilbereichen jedoch eine Aggregation von Einzelaussagen zuläßt, stellen sich stets zwei Grundfragen[31]: Wie sollen die Einzelaussagen verknüpft werden, und mit welchem Gewicht sollen die einzelnen Indikatoren in die Gesamtaussage eingehen?

Bei der Verknüpfung kann im wesentlichen zwischen additiver und multiplikativer Verknüpfung unterschieden werden. Dabei unterstellt die additive Verknüpfung eine totale Austauschbarkeit der Einzelaussagen. Sofern die einzelnen Elemente nicht vollständig substituierbar sind, verdeckt eine additive Verknüpfung möglicherweise die Tatsache, daß erhebliche Defizite in Teilbereichen der Umweltqualität durch besonders positive Merkmalsausprägungen in anderen Teilbereichen kompensiert oder gar überkompensiert werden. Daher ist es sinnvoll, sofern die Einzelaussagen nicht vollständig substituierbar sind, auf eine multiplikative Verknüpfung zurückzugreifen. Diese Verknüpfungsart unterstellt eine begrenzte Austauschbarkeit der Güteaussagen.

Soweit für einzelne Umweltmedien Gesamtindikatoren gebildet werden, sollte man daher eine multiplikative Verknüpfung bevorzugen. Dazu können zunächst für die konkurrierenden Nutzungen die nicht substituierbaren Gütemerkmale als Einzelindikatoren enumerativ aufgeführt werden. Ihnen werden Mindestgütegrenzwerte zugeordnet. Sie geben Mindestnormen vor, die erfüllt sein müssen, damit ein Umweltmedium für bestimmte Nutzungen tauglich ist. Daran anschließend ist zu prüfen, um wieviel Prozent die Einzelindikatoren ober- oder unterhalb des Mindestgütewertes liegen. Um unerwünschte Substitutionen zu vermeiden, dürfen nur Güteüberschüsse oder -defizite zusammengefaßt werden. Auf eine Saldierung der beiden Größen ist zu verzichten, da fehlende Substitutionsbeziehungen vorausgesetzt werden. Auf dieser Basis können schließlich drei Gütestufen, die selbst wiederum näher differenzierbar sind, gebildet werden[32] (vgl. Übersicht 1).

Eine Ressource wird der Stufe 1 zugeordnet, wenn bereits ein Mindestgütekriterium nicht realisiert wird. Die Gütestufe 1 kann, ohne daß unerwünschte Kompensationseffekte auftreten, noch weiter differenziert werden. Dazu werden die Gütedefizite summiert und ausgewiesen. Das Gütedefizit gibt an, um wieviel Prozent insgesamt die Einzelgrenzwerte überschritten werden. Die Gütestufe 2 gilt, sobald sämtliche Grenzwerte der Mindestgüte erreicht werden. Die Gütestufe 3 ergibt sich, wenn alle Kriterien erfüllt sind und einige Mindestgütevorgaben übertroffen werden.

Güteüberschüsse und -defizite werden als prozentuale Abweichungen der beobachteten Einzelmerkmale ($Y_{i,*}$) vom Mindestgütewert (Y_i) dargestellt

$$(1)\ (Y_{i,*} : Y_{min}) \cdot 100 = Y_i, i = 1, ..., n.$$

---

31 Vgl. auch F.W.v. Borries, Zur Konstruktion von Umweltindizes. "Allgemeines Statistisches Archiv", Göttingen, Band 59 (1975), S. 41ff.
32 Vgl. auch H. Karl, P. Klemmer und B. Micheel, S. 9.

Übersicht 1

Umweltgütestufen				
1. Stufe: Fehlende Mindestgüte				
1.a.-Stufe:	0 vH	≤ Gütewert <	40 vH
1.b.-Stufe:	40 vH	≤ Gütewert <	100 vH
1.c.-Stufe:	100 vH	≤ Gütewert	
2. Stufe: Mindestgüte				
3. Stufe: Mindestgüteüberschuß				
3.a.-Stufe:	0 vH	≤ Gütewert <	40 vH
3.b.-Stufe:	40 vH	≤ Gütewert <	100 vH
3.c.-Stufe:	100 vH	≤ Gütewert	

RWI ESSEN

Die Gütestufen und ihre Differenzierung entlang der Mindestgüteüberschüsse und -defizite können als Gesamtindikatoren interpretiert werden, die Qualitätsaussagen in Hinblick auf die Ressourcenpolyvalenz formulieren. Die fehlende Saldierung von Güteüber- und -unterdeckung hinsichtlich der Einzelindikatoren entspricht der Intention einer Mindestgütebeurteilung. Diese will Eigenschaften angeben, welche mindestens und unbedingt erfüllt sein müssen, damit das Umweltgut für die verschiedenen Nutzungen tauglich ist und einen gewünschten Polyvalenzgrad behält.

Die Gütestufung läßt sich schließlich einfach in eine kardinale Skala transformieren. Setzt man etwa die erfüllte Mindestgüte (Gütestufe 2) gleich 100 und zieht - ohne Berücksichtigung der möglichen Überschüsse bei Einzelbeobachtungsmerkmalen - die prozentualen Gütedefizite ab bzw. addiert - vorausgesetzt die Einzelindikatoren werden ansonsten überall erreicht - die Überschüsse der Gütestufe 3, ergeben sich für den interregionalen Vergleich dimensionslose Ziffern für die Boden-, Luft-, Wasser- und Lebensraumgüte (X_t). Sie erlauben die Reihung von Regionen entlang der jeweils realisierten Umweltqualität.

Die Rechenvorschriften für die Bildung des Indikators X_t lassen sich somit für i Mindestgütemerkmale (Y_i) einer Ressource zusammenfassen

(2) $X_t = f(Y_i); t = 1, ..., n, i = 1, ..., m,$

(3) $X_t = 100$, wenn $Y_i = 100$ für $i = 1, ..., m,$

(4) $X_t > 100$, wenn $Y_i = 100$ für $i = 1, ..., m-k$ und $Y_i > 100$ für $i = m-k+1, ..., m,$

(5) $X_t < 100$, wenn $Y_i = 100$ für $i = 1, ..., m-k$ und $Y_i < 100$ für $i = m-k+1, ..., m.$

Die vier Indikatoren (X_t) zur Luft- (X_L), Wasser- (X_W), Boden- (X_B) und Lebensraumgüte (X_{LR}) können zu einem Gesamtindikator (G) zusammengefaßt werden. Da er die Grundlage für einen interregionalen Vergleich der Gesamtumweltgüte abgeben kann, wird er im Abschnitt 3 dieses Kapitels näher vorgestellt.

1.4. Räumliche Beobachtungsebene

Umweltberichterstattung und deren Indikatorensysteme dürfen aus einer Reihe von Gründen räumliche Zusammenhänge nicht ausblenden[33]:

- Die als schutzwürdig empfundenen Umweltpotentiale sowie die Ursachen der Umweltbelastung streuen in räumlicher Hinsicht. So sind z.B. Wasservorräte, Waldbestände oder Boden mit spezifischen Güteeigenschaften ebenso wie der Schadstoffausstoß in die Luft oder Schwermetalldepositionen im Boden räumlich höchst unterschiedlich verteilt.

- Die Produktion von "Umweltgütern" unterliegt regionalen Produktionsgesetzmäßigkeiten[34]. So weicht die Kraft zur selbständigen Regeneration der Umweltressourcen in Abhängigkeit von der topographischen Situation, der Siedlungsstruktur und Lage, dem Klima, der Luftumwälzung, der Art der Ökosysteme usw. regional erheblich voneinander ab.

- Die Umweltpräferenzen der Bevölkerung können regional divergieren.

- Schließlich besitzt die Umweltbelastung aufgrund von Ursache-Wirkungs-Zusammenhängen einen regionalen Bezug. So ist die räumliche Wirkungsreichweite von Emissionen in hohem Maße regional begrenzt, wobei die Diffusionsfähigkeit der Medien etwa in Abhängigkeit von der durchschnittlichen Luftumwälzung räumlich voneinander abweicht. Es entstehen somit regionale Umweltverflechtungskomplexe, die Ausdruck einer engen wechselseitigen Verflechtung von Schadstoffquellen und räumlichen Belastungs- oder Wirkungsreichweiten sind[35].

Vor diesem Hintergrund erfordert sowohl die Diagnose als auch die Bekämpfung der Umweltbelastung in hohem Maße eine regionale Betrachtungsweise. Dabei bedeutet Regionalisierung eine flächendeckende Aufteilung eines Gesamtraumes

---

[33] Vgl. auch P. Klemmer [XI]; D. Ewringmann u.a., S. 166f.; W. Benkert, Die raumwirtschaftliche Dimension der Umweltnutzung. Berlin 1981; K. Zimmermann und P. Nijkamp, Umweltschutz und regionale Entwicklungspolitik - Konzepte, Inkonsistenzen und integrative Ansätze. In: D. Fürst, P. Nijkamp und K. Zimmermann (Hrsg.), Umwelt, Raum, Politik. Ansätze einer Integration von Umweltschutz, Raumplanung und Entwicklungspolitik. Berlin 1986, S. 41.

[34] Vgl. P. Klemmer [XV], Zwischenbilanz der Bodenschutzpolitik. (Orientierungen, Heft 25.) Bonn, 1985, S. 20ff., bzw. H. Kiemstedt, Voraussetzungen und Möglichkeiten für die Umsetzung des Bodenschutzes in der räumlichen Planung. In: Akademie für Raumforschung und Landesplanung (Hrsg.) [VIII], Bodenschutz als Aufgabe der Landes- und Regionalplanung. (Arbeitsmaterial, Band 129.) Hannover 1987, S. 5ff.

[35] Vgl. P. Klemmer [XVI], Umweltpolitik als Bestandteil der Raumordnungspolitik, Unterschiede in der Verteilung der Bodengüte - Unterschiede in der Belastbarkeit. "Der Bürger im Staat", Stuttgart, Jg. 31 (1981), S. 218ff.

in Gebietseinheiten, bei der jeder Raumpunkt eine Zuordnung erfährt und sich die Grenzen benachbarter Regionen decken müssen[36]. Sie dient den Zwecken einer vergleichenden Bewertung, der Formulierung und Durchführung spezieller Handlungsprogramme sowie der nachfolgenden Erfolgskontrolle. Somit handelt es sich um eine grundlegende Aufgabe jeder räumlich orientierten Umweltpolitik, die von weitreichender Bedeutung für alle nachfolgenden Schritte ist: Je nach Größe und Zuschnitt der räumlichen Beobachtungseinheiten ergeben sich andere Diagnoseergebnisse, die jeweils andere Handlungsnotwendigkeiten nahelegen.

In der Literatur unterscheidet man zwischen Regionalisierungsversuchen, die dem Homogenitätsprinzip folgen, und solchen, die die Verflechtung der verschiedenen Raumpunkte miteinander hervorheben[37]. Beide werden im Rahmen der regionalen Umweltberichterstattung benötigt. Die ersteren bezeichnet man als homogene, die letzteren als funktionale Gebietseinheiten:

- Homogene Umweltregionen sind Ausschnitte, die jene Raumpunkte zu einer Gebietseinheit zusammenfassen, die bezüglich eines oder mehrerer Beobachtungstatbestände, etwa der Schwefeldioxidbelastung, gleiche oder weitgehend ähnliche Merkmalsausprägungen aufweisen. Naturräumliche Gliederungen beruhen ebenfalls auf dem Homogenitätsprinzip.

- Funktionale Regionen enthalten hingegen nur solche benachbarten Raumpunkte, die über einzelne oder mehrere Stromgrößen besonders intensiv miteinander verflochten sind. Funktionale Umweltregionen sind beispielsweise solche Gebietseinheiten, die aufgrund einer engen wechselseitigen Verflechtung von Schadstoffquellen und räumlichen Belastungs- und Wirkungsbereichen abgegrenzt werden. Solche Emissions-Immissions-Verflechtungsbereiche eignen sich in besonderem Maße für die Diagnose und Bekämpfung der Umweltbelastung, da sie die räumlichen Wirkungsbereiche von Schadstoffquellen, aber auch von umweltpolitischen Instrumenten widerspiegeln.

Diese Hinweise machen bereits deutlich, daß in Abhängigkeit von den Emissions-Immissions-Zusammenhängen vielfältige räumliche Umwelt-Diagnoseeinheiten unterschieden werden müssen. Sie decken sich keineswegs mit den Arbeitsmarktregionen, wie sie zur Bewertung regionaler Arbeitsmarktbedingungen in der Regionalpolitik verwendet wurden. Auf diese Problematik wird später noch näher eingegangen.

---

[36] Vgl. D. Fürst, P. Klemmer und K. Zimmermann, S. 14ff.
[37] Vgl. D. Fürst, P. Klemmer und K. Zimmermann, S. 14ff.; D. Meinke, Neuere Ansätze zur Bildung von Regionen. "Raumforschung und Raumordnung", Braunschweig, Jg. 28 (1970), S. 1ff.

2. Güteindikatoren für Wasser, Luft, Boden

2.1. Wassergüte

Unter Qualität oder Güte von Gewässern kann ihre Eignung für bestimmte Zwecke verstanden werden[38]. Sie stellt sich ein, wenn Gewässer ganz bestimmte Funktionen erfüllen, die für den Menschen oder den Naturhaushalt nützlich sind. Auf der Basis klar umrissener Nutzungsinteressen lassen sich jene Zustandsmerkmale herausgreifen, mit deren Hilfe Gewässergüte oder -qualität gemessen werden kann. Diese Funktionen oder Leistungen von Gewässern im Naturhaushalt und für den Menschen lassen sich in Anlehnung an die Literatur vereinfachend mit fünf Funktionen umschreiben:

- Die Lebensraumfunktion trägt der Gewässernutzung durch zahlreiche Tier- und Pflanzenarten Rechnung[39].

- Die Regelungsfunktion beschreibt die Rolle der Gewässer im Rahmen des Naturhaushalts. Sie reicht von der biologischen Selbstreinigung und Schadstoffdeposition bis hin zur Ableitung von Regen- und Hochwasser.

- Die Produktionsfunktion wird aktiviert, wenn Wasser als Brauchwasser und Inputfaktor produktive Leistungen erbringt[40].

- Die Trinkwasserversorgungsfunktion beschreibt die Aufgaben eines Gewässers im Rahmen der öffentlichen und privaten Wasserversorgung.

- Die Erholungsfunktion wird angesprochen, sobald Gewässer und ihre Ufer Raum für Sport- und Freizeitaktivitäten bieten.

Es existieren zahlreiche spezielle Gütenormen, die Wasserqualität beurteilen; insbesondere im Bereich der Trinkwasserversorgung liegen umfangreiche Regelwerke vor[41]. Aber auch hinsichtlich der ökologischen Gewässerbewertung gibt es inzwischen richtungsweisende Arbeiten[42].

---

[38] Vgl. etwa D. Ruchay, Gewässergüte - Gewässerzustand, von der Beschreibung zur Beurteilung. In: Gewässerschutz und Abwasserreinigung als komplexe Aufgabe - Was ist möglich und was ist machbar? (Gewässerschutz, Wasser, Abwasser, Band 69.) Aachen 1985, S. 291.

[39] Vgl. dazu H. Bick, Ökologie der Gewässer. In: H. Bick u.a. (Hrsg.), Angewandte Ökologie, Mensch und Umwelt, Band 1. Stuttgart und New York 1984, S. 169; W. Pflug, Die nutzungsbezogene Gewässerzustandsbeschreibung aus der Sicht von Ökologie, Naturschutz und Landschaftspflege. In: Oswald-Schulze-Stiftung (Hrsg.), Gewässergüte und Bewirtschaftungsplanung, Symposium am 4. und 5. September 1984 in Aachen. (Gewässerschutz, Wasser, Abwasser, Band 73.) Aachen 1985, S. 95ff.

[40] Vgl. G. Ortner, Nutzungsbezogene Gewässerzustandsbeschreibung für die energiewirtschaftliche Nutzung. In: Oswald-Schulze-Stiftung (Hrsg.), S. 149ff.

[41] Vgl. Verordnung über Trinkwasser und über Brauchwasser für Lebensmittelbetriebe (Trinkwasserverordnung) vom 31.1.1975; DVGW-Arbeitsblatt 151, Eignung von Oberflächengewässern als Rohstoff für die Trinkwasserversorgung. Frankfurt 1975.

[42] Vgl. Landesanstalt für Ökologie (LÖLF), Landesamt für Wasser und Abfall (LWA)(Hrsg.), Bewertung des ökologischen Zustands von Fließgewässern. Teil I, Bewertungsverfahren, Teil II, Grundlagen für das Bewertungsverfahren. Essen 1985, S. 7ff.

Übersicht 2

Mindestgüteanforderungen für Fließgewässer	
Parameter	Mindestgüte
Temperatur, in °Cels.	25 - 28
Sauerstoff, in mg/l	≥ 4
pH-Wert, in mg/l	6 - 9
Ammonium, in mg/l	≤ 1
BSB-5, in mg/l	≤ 7
CSB, in mg/l	≤ 20
Phosphor, in mg/l	$\leq 0,4$
Eisen, in mg/l	≤ 2
Zink, in mg/l	≤ 1
Kupfer, in mg/l	$\leq 0,005$
Chrom, in mg/l	$\leq 0,07$
Nickel, in mg/l	$\leq 0,05$

Vgl. V. Sieckmann, S. 88.

RWI ESSEN

Werden für Querschnittsindikatoren Beobachtungsmerkmale ausgewählt, muß dem Tatbestand Rechnung getragen werden, daß mehrere Gewässernutzungen gleichzeitig zu berücksichtigen sind. Es sind repräsentative Zustandsmerkmale zu selektieren, die der Option zugunsten einer polyvalenten Ressourcennutzung gerecht werden. Welche Beobachtungsmerkmale es im einzelnen sind, die auf der Basis der oben skizzierten Kriterien zusammengefaßt werden müßten, kann weder von der Raumplanung noch von der Wirtschaftswissenschaft allein entschieden werden. Insofern soll die nachfolgende Erörterung von Mindestgütevorschriften lediglich Anregungen für Ergänzungen und Reformansätze liefern. Ein "endgültiger" Katalog von Mindestgüteanforderungen kann jedoch erst am Ende einer interdisziplinären Erörterung stehen. In ihrem Rahmen kann die Wirtschaftswissenschaft ökonomische Überlegungen zur Selektion von Beobachtungsmerkmalen liefern.

Sicher scheint jedoch, daß im Gegensatz zum Saprobienindex nicht allein die biologische Selbstreinigungsfähigkeit eines Gewässers als Zustandsmerkmal erfaßt werden darf[43]. Ein Gewässergüteindikator ist vielmehr um Beobachtungsmerkmale zu ergänzen, die etwa aus der Sicht der Trinkwasserversorgung größere Bedeutung besitzen. In diese Richtung bewegen sich z.B. die Mindestgüteanforderungen für Oberflächengewässer des Landes Nordrhein-Westfalen (vgl. Übersicht 2).

---

[43] Vgl. Der Bundesminister für Raumordnung, Bauwesen und Städtebau (Hrsg.) [II], S. 118f.

Übersicht 3

Gewässergütestufen

1. Stufe: Fehlende Gewässermindestgüte				
1.a.-Stufe:	0 vH	≤	X_W	< 40 vH
1.b.-Stufe:	40 vH	≤	X_W	< 100 vH
1.c.-Stufe:	100 vH	≤	X_W	

2. Stufe: Gewässermindestgüte

3. Stufe: Gewässermindestgüteüberschuß				
3.a.-Stufe:	0 vH	≤	X_W	< 40 vH
3.b.-Stufe:	40 vH	≤	X_W	< 100 vH
3.c.-Stufe:	100 vH	≤	X_W	

RWI ESSEN

Aus den Mindestgüteanforderungen kann ein Gesamtindikator konstruiert werden. Er differenziert die Gewässergüte auf der Basis von drei Gütestufen (vgl. Übersicht 3)[44]. Die Gütestufen und ihre Differenzierung entlang der Mindestgüteüberschüsse und -defizite können als Gesamtindikatoren interpretiert werden, die Qualitätsaussagen in Hinblick auf die Ressourcenpolyvalenz formulieren. Die fehlende Saldierung von Güteüber- und -unterdeckung hinsichtlich der Einzelindikatoren entspricht der Intention einer Mindestgütebeurteilung. Diese will Eigenschaften angeben, welche mindestens und unbedingt erfüllt sein müssen, damit das Umweltgut für die verschiedenen Nutzungen tauglich ist und einen gewünschten Polyvalenzgrad behält.

Die Gütestufung läßt sich schließlich in eine kardinale Skala transformieren. Setzt man etwa die erfüllte Mindestgüte (Gütestufe 2) gleich 100, und zieht - ohne Berücksichtigung der möglichen Überschüsse bei Einzelbeobachtungsmerkmalen - die prozentualen Gütedefizite ab bzw. addiert - vorausgesetzt die Einzelindikatoren werden ansonsten überall erreicht - die Überschüsse der Gütestufe 3, ergeben sich für den interregionalen Vergleich dimensionslose Ziffern für die Boden-, Luft-, Wasser- und Lebensraumgüte (X_t). Sie erlauben die Reihung von Regionen entlang der jeweils realisierten Umweltqualität.

Die Rechenvorschriften für die Bildung des Indikators X_t lassen sich somit für i-Mindestgütemerkmale (Y_i) einer Ressource zusammenfassen: Ein Gewässer wird der Stufe 1 zugeordnet, wenn bereits eins der zwölf Kriterien nicht erreicht wird. Sie kann ohne unerwünschte Kompensationseffekte weiter differenziert werden. Dazu werden die prozentualen Gütedefizite summiert und ausgewiesen. Das Gütedefizit informiert darüber, um wieviel Prozent insgesamt die Einzelgrenzwerte

---

[44] Vgl. H. Karl und P. Klemmer [II], S. 141.

überschritten werden. Die Gütestufe 2 gilt für Gewässer, die sämtliche Grenzwerte der Mindestgüte vorweisen. Die Gütestufe 3 ergibt sich, wenn alle Kriterien erfüllt sind und einige Mindestgütevorgaben übertroffen werden. Güteüberschüsse und -defizite legen in Form einer dimensionslosen Zahl dar, in welchem Umfang von einzelnen Mindestgütegrenzwerten abgewichen wird.

2.2. Luftgüte

Die Luftqualität kann als ihr Vermögen, Lebensraum,- Produktions- und Konsumptionsfunktionen zu übernehmen, beschrieben werden[45]. Sie hängt neben den Schadstoffeinträgen von den natürlichen Wetter- und Klimabedingungen ab. Betrachtet man diese langfristigen Einflußgrößen auf die Lebensraum-, Regenerations- und Produktionsfunktion der Luft als konstant, entscheidet vermutlich der laufende Schadstoffgehalt an luftverunreinigenden Stoffen über die Luftqualität. Von ihm hängt es ab, ob die erwünschten Nutzungen realisierbar sind[46]. Die Entscheidung über die Auswahl von Beobachtungsmerkmalen fällt dabei vermutlich leichter, weil im Gegensatz zum Wasser bei der Luft der Kreis der Nutzer geringer ausfällt. Im Vordergrund stehen im allgemeinen die Interessen des Gesundheitsschutzes der Bevölkerung. Vor ihrem Hintergrund könnten folgende Schadstoffe Teil einer Mindestluftgütedefinition sein[47]:

- Stickstoffmonoxid,
- Schwefeldioxid,
- Stickoxide,
- Ozon,
- Kohlenmonoxid,
- Kohlendioxid,
- Staub und dessen Inhaltsstoffe,
- Chlor.

Analog zum Gewässergüteindikator müßten für die verschiedenen Schadstoffe Mindestgütenormen vorgegeben werden, um darauf aufbauend[48] die Güteüberschüsse oder -defizite zu ermitteln.

---

[45] Eine Übersicht zur Luftindikatorendiskussion geben V. Prittwitz und P. Haushalter, Luftqualitätsindex und Öffentlichkeit. Zur allgemeinen Information über die aktuelle Schadstoffbelastung der Atemluft. "Zeitschrift für Umweltpolitik und Umweltrecht", Jg. 8 (1985), S. 326ff.

[46] Vgl. M. Csicsaky und U. Krämer, Gesundheitsrisiken durch Luftschadstoffe. "WSI-Mitteilungen", Düsseldorf, Jg. 38 (1985), S. 742f.

[47] Vgl. Prognos AG (Hrsg.), Indikatoren der Umweltqualität für die Raumbeobachtung in Nordrhein-Westfalen. Basel 1988, S. 30.

[48] Vgl. J. Münch und W. Wycisk, Entwicklung eines Luftschadstoffindex zur Information der Öffentlichkeit über die aktuelle lufthygienische Situation. Berlin 1984.

Übersicht 4

Luftgütestufen

1. Stufe: Fehlende Luftmindestgüte
1.a.-Stufe:	0 vH	$\leq$	X_L	< 40 vH
1.b.-Stufe:	40 vH	$\leq$	X_L	< 100 vH
1.c.-Stufe:	100 vH	$\leq$	X_L	

2. Stufe: Luftmindestgüte

3. Stufe: Luftmindestgüteüberschuß
3.a.-Stufe:	0 vH	$\leq$	X_L	< 40 vH
3.b.-Stufe:	40 vH	$\leq$	X_L	< 100 vH
3.c.-Stufe:	100 vH	$\leq$	X_L	

RWI ESSEN

Basiswerte, die unabhängig von regionalen Besonderheiten und nutzungsübergreifend Mindestgütewerte formulieren, lassen sich etwa aus den Vorschriften der Technischen Anleitung Luft ableiten[49].

2.3. Bodengüte, Flächennutzung

Bodenqualität kann gleichfalls auf der Basis von Nutzungsinteressen gegenüber einer Reihe von Bodenfunktionen beschrieben werden[50]:

- Die Regelungsfunktion des Bodens umfaßt die physikalisch-mechanische sowie seine chemische Filterfunktion, bei der etwa Stoffe, die von einsickerndem Wasser mitgeführt werden, zurückgehalten und umgewandelt sowie abgebaut werden. Zu ihr gehört auch die Steuerung des Wasserhaushalts und dessen Grundwassererneuerung sowie die Einflußnahme auf das lokale Klima, das insbesondere auch von der Art des Bodenbewuchses und der Flächennutzung mitbestimmt wird.

---

[49] Vgl. etwa H.-L. Dreissigacker, Die wesentlichen Zielsetzungen des Entwurfs einer Novelle 1978 zum Bundes-Immisionsschutzgesetz. "Informationen zur Raumentwicklung", Jg. 1980, S. 477; J. Salzwedel, Gesundheitsschutz, Sachgüterschutz und Schutz ökologischer Bestände im Bundesimmissionsschutzgesetz. "Informationen zur Raumentwicklung", Jg. 1988, S. 527ff.

[50] Vgl. dazu ausführlicher G. W. Brümmer, Funktion des Bodens im Stoffhaushalt der Ökosphäre. (Deutscher Rat für Landespflege, Heft 31.) München 1978, S. 13ff.; Der Rat von Sachverständigen für Umweltfragen (Hrsg.) [I], S. 181ff.; L. Jung und H.J. Preusse, Boden. In: K. Buchwald und W. Engelhardt (Hrsg.) [II], Handbuch für Planung, Gestaltung und Schutz der Umwelt. Band 2: Die Belastungen der Umwelt. München 1978, S. 24ff.; P. Klemmer [XV], S. 20ff.

- Die Produktionsfunktion des Bodens bezieht sich auf dessen Vermögen, Nahrungsmittel für die auf der Erde lebenden Menschen und Tiere bereitzustellen; sie ist in ihrer Leistungskraft primär von der natürlichen Bodenfruchtbarkeit und den Klimaverhältnissen abhängig, kann allerdings durch eine standortgerechte Produktionsplanung und Nährstoffversorgung anthropogen mitbestimmt werden.
- Die Lebensraumfunktion des Bodens ergibt sich daraus, daß er Heimat für zahlreiche Tier- und Pflanzenarten ist.
- Die Standortfunktion des Bodens beschreibt dessen Fähigkeit, Flächenansprüche für anthropogene Nutzungen erfüllen zu können.

Die Interessen an den verschiedenen Funktionen des Bodens bündeln sich in konkreten Flächennutzungsansprüchen. Hier sind vor allem Bodennutzung für[51]

- Siedlungszwecke,
- gewerbliche Produktion,
- industrielle Produktion,
- Verkehr,
- Abfallwirtschaft,
- Landwirtschaft,
- Forstwirtschaft,
- Erholungs- und Biotopschutzzwecke

zu nennen. Vor dem Hintergrund dieser Flächennutzungsansprüche, die sich in Ansprüchen an die Produktions-, Standort-, Lebensraum- und Regelungsfunktion des Bodens fortpflanzen, kann Bodengüte als Fähigkeit zur Funktionserfüllung[52] bzw. als Fähigkeit, bestimmte Flächennutzungsansprüche zu befriedigen, aufgefaßt werden.

Die meisten natürlichen Bodeneigenschaften lassen sich nicht ohne weiteres dem menschlichen Gestaltungswillen unterwerfen, werden aber durch Nutzung der Standortfunktion des Bodens in Form anthropogener Aktivitäten negativ beeinflußt. Daraus resultieren wiederum Nachteile für konkurrierende Boden- und Flächennutzungsinteressen. Sie werden ausgelöst, wenn die

- Bodensubstanz durch Schadstoffeinträge,
- Bodenstruktur im Zuge von Bodenerosion, -verdichtung sowie -abbau und -überschüttungen,

---

51 Vgl. ausführlicher H. Karl, P. Klemmer und B. Micheel, S. 63ff.
52 Vgl. P. Klemmer [XVII], Stadtentwicklung und Stadtplanung im Feld der Umweltpolitik. "Städte- und Gemeindebund", Göttingen, Jg. 1983, S. 111ff.

- Bodenfläche in Form einer Versiegelung, einer Homogenisierung der Erdoberfläche sowie einer Zerschneidung der Landschaft

belastet werden. Bodensubstanz, -schadstoffhaushalt, -struktur und -fläche sind somit die Beobachtungsmerkmale, die bei einer nutzungsunabhängigen Mindestgütebewertung berücksichtigt werden müssen. Bisher liegen lediglich Gütewerte für den Schadstoffhaushalt und die Flächennutzung vor. In allen Bereichen sind Mindestgütewerte nur sehr schwer zu formulieren, nicht zuletzt deshalb, weil sie entscheidend vom Bodentyp und den im Vordergrund stehenden Bodenfunktionen abhängen. Vermutlich stehen aber auf der Seite der Stoffeinträge die Problemgruppen[53]

- säurebildende Stoffe
    - Schwefeldioxid
    - Stickoxid
- Schwermetalle
    - Arsen
    - Cadmium
    - Kupfer
    - Quecksilber
    - Nickel
    - Blei
    - Thallium
    - Zink
- organische Stoffe[54]
    - chlorierte Kohlenwasserstoffe
    - polychlorierte Biphenyle
    - polycyclische aromatische Kohlenwasserstoffe
    - aliphatische aromatische Kohlenwasserstoffe
    - Fluorchlorkohlenwasserstoffe

---

53 Vgl. dazu ausführlicher Der Rat von Sachverständigen für Umweltfragen (Hrsg.) [I], S. 179ff.; D. Sauerbeck, Funktionen, Güte und Belastbarkeit des Bodens aus agrikulturchemischer Sicht. (Materialien zur Umweltforschung, Band 10.) Stuttgart und Mainz 1985, S. 91f.
54 Vgl. auch D. Sauerbeck, S. 92; Der Rat von Sachverständigen für Umweltfragen (Hrsg.) [I], S. 196f.

Übersicht 5

Gesamtgehalte und Orientierungsdaten (Richtwerte) für tolerierbare Gesamtgehalte von Schwermetallen in Kulturböden in mg/kg	
Stoff	Gehalt im lufttrockenen Kulturboden
Arsen	20
Cadmium	3
Kupfer	50
Chrom	100
Quecksilber	2
Nickel	50
Blei	100
Thallium	1
Zink	300

Nach: Der Rat von Sachverständigen für Umweltfragen (Hrsg.) [I], S. 190, Tabelle 4.4.   RWI ESSEN

- Nährstoffe

    - Nitrat

    - Phosphat

im Mittelpunkt des Interesses. Richtwerte, an denen sich die Umweltgütestufung orientieren kann, existieren allerdings erst für einzelne Teilbereiche. So formuliert der Rat von Sachverständigen für Umweltfragen die in der Übersicht 5 festgehaltenen Orientierungswerte für die Schwermetallbelastung.

Werden auch für die übrigen Stoffeinträge solche Orientierungswerte gefunden, lassen sich auf der Basis nutzungsunabhängiger Gütenormen für den Schadstoffhaushalt des Bodens wiederum Güteüberschüsse und -defizite errechnen[55]. Hier fehlen jedoch noch Beobachtungsmerkmale und ihnen zugeordnete Grenzwerte.

Rückwirkungen der Flächennutzung auf die Boden- und Umweltqualität eines Raumes werden häufig auf der Basis von Flächenindikatoren quantifiziert[56]. Sieht man einmal von den Naturschutzflächen ab, gehen sämtliche Flächennutzungen

---

[55] Analog ist hinsichtlich der Bodenstruktur und -erosion zu verfahren, indem etwa - differenziert nach Sand, Lehm, Ton - ein Mindestporenvolumen vorgegeben wird. Vgl. Der Rat von Sachverständigen für Umweltfragen (Hrsg.) [I], S. 202.

[56] Vgl. etwa D. Rach, Landschaftsverbrauch in der Bundesrepublik Deutschland. "Informationen zur Raumentwicklung", Jg. 1987, S. 27ff.

mit Umweltbelastungen einher[57]. Dies wird zum Anlaß genommen, etwa Siedlungsflächen (Wohn-, Verkehrs-, Gewerbeflächen) zusammenzufassen und in Beziehung zur Gesamtfläche zu setzen. Außerdem werden Freiflächenindikatoren entwickelt, die den Anteil der Freiflächen an der Gesamtfläche angeben[58]. Diese aggregierten Anteilsgrößen geben natürlich nur erste grobe Informationen über die vermutlichen Belastungen des Bodens und der Umwelt an einem Standort. Häufig indizieren Flächenindikatoren aufgrund ihres groben Aggregationsrasters über die Umwelt- und Bodengüte nicht zutreffend und führen in die Irre, weil[59]

- die aktuelle Flächennutzung die bereits in der Vergangenheit eingetretenen Belastungen oft verdeckt (Altlastenstandorte),

- aufgrund einer weniger strengen Kausalität zwischen Beobachtungsmerkmal und Qualitätsaussage im Einzelfall der Zusammenhang zwischen Flächennutzung und Boden- sowie Umweltbelastung (Umweltentlastung) nicht zutreffend sein muß:

  - Der Anteil der Siedlungsfläche oder der Freifläche an der Gesamtfläche einer Region ist beispielsweise ein zu grober Indikator für Belastungen. So sind etwa die Eingriffe in den Naturhaushalt im Zuge einer aufgelockerten oder verdichteten Bebauung nicht ohne weiteres vergleichbar.

  - Der Anteil der landwirtschaftlich genutzten Fläche informiert zwar über Freiflächen, aber er berücksichtigt nicht, daß im Rahmen der intensiven Landwirtschaft von ihr einschneidende Belastungen von Lebensräumen für Tier- und Pflanzenarten ausgehen können.

Flächennutzungsindikatoren müssen deshalb aufgrund ihres groben Rasters zumindest weitergehend differenziert werden, indem etwa zwischen Acker- und Grünflächen, konzentrierter und aufgelockerter Bebauung usw. differenziert wird[60]. Außerdem müßten Flächen mit ganz bestimmten Lebensraumeigenarten gesondert registriert werden, indem Anteile der

- Wald-,
- Feucht-, (Moore, Auen, Feuchtwiesen usw.) und
- Trocken-

flächen an der Gesamtfläche als Gütebeobachtungsmerkmal aufgenommen werden[61]. In diesem Sinne sieht die "Interministerielle Arbeitsgruppe Bodenschutz"

---

57 Selbst Waldflächen verzeichnen Schadstoffeinträge und Bodenverdichtungen. Vgl. Der Rat von Sachverständigen für Umweltfragen (Hrsg.) [III], S. 184.
58 Vgl. D. Rach, S. 29ff.; Minister für Landes- und Stadtentwicklung des Landes Nordrhein-Westfalen (Hrsg.), Landesentwicklungsplan III, Entwurf. Düsseldorf 1984, S. 5ff.
59 Vgl. Der Rat von Sachverständigen für Umweltfragen (Hrsg.) [III], S. 562ff.
60 So auch Prognos AG (Hrsg.), S. 41ff.
61 Vgl. H. Karl, P. Klemmer und B. Micheel, S. 86ff.

Übersicht 6

Bodengütestufen				
1. Stufe: Fehlende Bodenmindestgüte				
1.a.-Stufe:	0 vH	$\leq$	X_B <	40 vH
1.b.-Stufe:	40 vH	$\leq$	X_B <	10 vH
1.c.-Stufe:	100 vH	$\leq$	X_B	
2. Stufe: Bodenmindestgüte				
3. Stufe: Bodenmindestgüteüberschuß				
3.a.-Stufe:	0 vH	$\leq$	X_B <	40 vH
3.b.-Stufe:	40 vH	$\leq$	X_B <	100 vH
3.c.-Stufe:	100 vH	$\leq$	X_B	

RWI ESSEN

in den folgenden Nutzungstypen der Flächennutzungsstatistik Ansatzpunkte, um die "naturnahen" Flächen zu bilanzieren[62]:

- Waldflächen,

- Wasserflächen,

- Moor,

- Abbauland, Heide, Unland.

Im Hinblick auf ihre Indikatorenfunktion haben diese Flächenanteile gegenüber globalen und undifferenzierten Siedlungs- und Freiflächenindikatoren eine Reihe von Vorteilen. Es werden nur Flächen aggregiert, die mit eher positiven Umweltwirkungen verbunden sind, während Frei- und Siedlungsflächenindikatoren Raumanteile mit Nutzungen zusammenfaßten, die unterschiedlich positiv und negativ auf die Umweltqualität wirken. Der Indikator "naturnahe Flächen" ist deshalb eindeutiger interpretierbar und aussagekräftiger[63].

Bei Flächennutzungsindikatoren fällt es jedoch äußerst schwer, Mindestgütenormen vorzugeben. Die Fähigkeit der Beobachtungsmerkmale (Flächenanteile), Qualitäten zu indizieren, ist aufgrund der groben Aggregationsraster schwach ausgeprägt. Wenn lediglich Flächenanteile gebildet werden, die über Elemente von Umweltqualität und Polyvalenz zweifelsfrei informieren, kommen wohl nur natur-

---

[62] Vgl. Interministerielle Arbeitsgruppe Bodenschutz (Hrsg.), Abschlußbericht der Untergruppe IV (Flächennutzung): Flächennutzungen und Bodenschutz. "Informationen zur Raumentwicklung", Jg. 1985, S. 150ff.; K. Bürger, Entwicklung von Natur und Landschaft. "Informationen zur Raumentwicklung", Jg. 1987, S. 48ff.

[63] Probleme können allerdings etwa bei den Wasserflächen auftreten.

nahe Flächen als Beobachtungsmerkmale in Frage. Auf sie bezieht sich auch der Rat von Sachverständigen für Umweltfragen. Er schlägt als Mindestgütenorm vor, in agrarisch und urban-industriell intensiv genutzten Räumen durchschnittlich mindestens 10 vH der Landesfläche für naturbetonte Bereiche zu reservieren[64]. Zu den naturbetonten Bereichen können die bereits erwähnten Sonderstandorte, extensiv genutzte Agrarflächen, Naturschutzparks usw. gehören. Auf eine weitergehende Vorgabe zur Siedlungs- und Flächennutzungsstruktur verzichtet er.

Läßt man Indikatoren zur Bodenstruktur zunächst noch außer acht, bestimmen die Beobachtungsmerkmale

- zum Schadstoffhaushalt,
- zu naturnahen Flächenanteilen

den Güteindikator. Auf ihrer Grundlage können zwar Bodengütestufen errechnet werden, aber weite Bereiche von Boden- und Flächenqualität bleiben damit noch ausgeblendet, wenn etwa Schadstoffgrenzwerte lediglich für die Schwermetallbelastung vorliegen.

2.4. Lebensraumgüte

Neben den qualitativen Entwicklungen bei den Umweltmedien informiert der regionale Artenbestand über die Lebensraumbedingungen für Tier- und Pflanzenarten. Die Bestands- bzw. Aussterberate von Tier- und Pflanzenarten kann hier wichtige Informationen liefern. Sinnvoller erscheint es jedoch, die ökologische Bedeutung der Tier- und Pflanzenarten für die Regionen als Gewichtungsfaktoren zu berücksichtigen[65]. In diesem Zusammenhang treten ähnliche Probleme wie bei den Flächenindikatoren auf. Es ist wohl kaum möglich, eine Mindestausstattung von Tier- und Pflanzenarten für alle Regionen vorzugeben, da deren Lebensräume nicht gleichverteilt und an Standortbesonderheiten gebunden sind. Insofern scheiden hier Mindestgütewerte weitgehend aus, und es wäre denkbar, die positiven oder negativen Veränderungen des (ökologisch bedeutsamen) Bestandes an Tier- und Pflanzenarten als Indikator für die Lebensraumgüte zu nutzen.

Für einen interregionalen Vergleich könnte ein konstanter Artenbestand (Wachstumsrate gleich Null) gleich Hundert gesetzt und die Zuwachs- bzw. Abnahmerate addiert bzw. subtrahiert werden. Die sich ergebenden dimensionslosen Zahlen können die Basis für eine Rangfolgebildung von Regionen abgeben. Aufgrund der natürlichen Lebensraumdivergenzen müßte zuvor aber sichergestellt werden, daß nur vergleichbare Gebiete diagnostiziert werden.

---

64 Vgl. Der Rat von Sachverständigen für Umweltfragen (Hrsg.) [III], S. 159.
65 Vgl. Der Rat von Sachverständigen für Umweltfragen (Hrsg.) [III], S. 127, sowie U. Hampicke, Die volkswirtschaftlichen Kosten des Naturschutzes in Berlin. Berlin 1985.

Übersicht 7

Lebensraumgüte	
1. Stufe:	Abnehmender Artenbestand
2. Stufe:	Konstanter Artenbestand
3. Stufe:	Expandierender Artenbestand
	RWI ESSEN

3. Integrationsproblem: Einbau von Umweltindikatoren in das Indikatorensystem der regionalpolitischen Gemeinschaftsaufgabe

3.1. Aggregationsprobleme

Aggregations- und Gewichtungsprobleme ergeben sich auf zwei Ebenen. Zum einen müssen Umweltindikatoren mit den übrigen Indikatoren der Gemeinschaftsaufgabe kombiniert und gewichtet werden. Zum anderen kann daran gedacht werden, statt die Urteile zur Boden-, Luft-, Wasser- und Lebensraumgüte als Einzelindikatoren dem Förderindikator zuzufügen, einen Umweltgesamtindikator zu bilden. Dabei kann das Verfahren der Standardisierung von Einzelvariablen angewandt werden, das bereits heute von der Gemeinschaftsaufgabe genutzt wird[66]. Dabei wird für jeden Indikator die Abweichung einer Region vom Mittelwert errechnet. Diese Abweichungen werden anschließend in Einheiten der Standardabweichung übersetzt, um die so standardisierten Einzelkriterien (additiv) zu einem Gesamtindikator zusammenzufassen. Dabei kompensieren sich Güteüberschüsse und -defizite für Luft-, Wasser-, Boden- und Lebensraumindikatoren. Insofern müßte man evtl. auf die Standardisierung verzichten und die additive Zusammenfassung durch eine multiplikative ersetzen[67].

Übernimmt man hingegen die Methodik der querschnittsorientierten Mindestgüteindikatoren, lassen sich ohne unerwünschte Substitutionswirkungen Gesamtaussagen zur regionalen Umweltqualität ableiten:

- Die Aussagen zur Boden-, Luft-, Wasser- und Lebensraumgüte beruhen auf einer Nominalskala (Mindestgüte erreicht, nicht erreicht, übertroffen), der Indexwerte zugeordnet werden. Auf ihrer Basis lassen sich die Einzelbereiche für Umweltqualität und schließlich auch Regionen vergleichen. Für eine Region gibt Übersicht 8 eine Zusammenstellung möglicher Ergebnisse.

---

[66] Vgl. P. Klemmer [VIII], S. 76ff. Bei Variablen mit stark divergierendem Variationskoeffizienten ist die Standardisierung aber nicht diagnoseneutral. Dieses gravierende Problem kann an dieser Stelle aber nicht näher vertieft werden.

[67] Vgl. P. Klemmer [I], S. 89.

Übersicht 8

Gütewerte für Luft-, Boden-, Wasser- und Lebensraumqualität				
Güte-stufe	Luft	Boden	Wasser	Lebensraum
1	$X_L = 90$			
2		$X_B = 100$		$X_{LR} = 100$
3			$X_W = 110$	

- Offensichtlich besteht auch hier das Hauptproblem erneut darin, unerwünschte Substitutionen zu vermeiden, indem Überschüsse und Defizite der Einzelindikatoren (X_t) miteinander aufgerechnet werden. Stuft man den Gesamtindikator Umweltqualität erneut auf der Basis einer Nominalskala ab, können drei Gütestufen unterschieden werden:

- Realisiert eine Regionen für alle vier Bereiche die Mindestgüte (Indexwert = 400), wird sie der Gesamtgütestufe II zugeordnet.

- Erreicht eine Region bereits bei einem Einzelindikator die Mindestgüte (= 100) nicht, wird sie automatisch der Stufe I (= fehlende regionale Mindestqualität) zugeordnet. Vom Indexwert für die Gesamtmindestgüte (= 400) werden die Defizite subtrahiert.

- Erreicht eine Region immer die Mindestgüte, übertrifft sie diese aber in einem Bereich, wird sie in Gesamtgütestufe III eingruppiert, und der Indexwert der Mindestgüte (= 400) wird um den Überschuß ergänzt.

Für die in Übersicht 8 aufgeführten Werte ergibt sich Gesamtgütestufe I mit einem Indexwert von 390. Würde die Luftgüte den Indexwert 100 erreichen, ergäbe sich Gütestufe III mit einem Indexwert von 410.

Auf der Basis der Gesamtindexwerte könnten die Regionen nach ihrer Gesamtumweltqualität gereiht werden. Die Rechenvorschrift für den Gesamtindikator (G) läßt sich dabei wie folgt zusammenfassen[68]

---

68 Im vorliegenden Fall wäre $X_{t=1}$ etwa die Bodenqualität (X_B), $X_{t=2}$ die Wasserqualität (X_W), $X_{t=3}$ die Luftqualität (X_L), $X_{t=4}$ die Lebensraumqualität (X_{LR}) usw. Bei den hier konkret abgegrenzten Beobachtungsbereichen gilt $X_t = X_W + X_B + X_L + X_{LR}$.

$$(6)\ G = f(X_t),\ t = 1, ..., n,$$

$$(7)\ G = \sum_{t=1}^{n} X_t,\ \text{wenn } X_t \geq X_{t,min} \text{ für } t = 1, ..., n,$$

$$(8)\ G = \sum_{t=1}^{n-k} X_{t,min} + \sum_{t=n-k+1}^{n} X_t,$$

wenn $X_t \geq X_{t,min}$ für $t = 1, ..., n-k$, und $X_t < X_{t,min}$ für $t = n-k+1, ..., n$.

Ist ein Umweltindikator gebildet, setzt sich ein modifizierter Förderindex der Gemeinschaftsaufgabe aus wirtschaftlichen und umweltorientierten Indikatoren zusammen. Der bisherige Gesamtindikator könnte jetzt

- additiv oder
- multiplikativ

um Umweltgüteurteile ergänzt werden.

Hinsichtlich des heute gültigen Gesamtindikators hat die additive Verknüpfung den gravierenden Nachteil, daß sie völlige Austauschbarkeit der Zielgrößen Einkommen und Beschäftigung unterstellt[69]. Diese Annahme wird allerdings noch problematischer, wenn nicht nur Einkommens- und Beschäftigungsziele als untereinander austauschbar, sondern auch mit dem Umweltziel substituierbar angesehen werden. Somit kommt zwischen den wirtschaftlichen und umweltpolitischen Zielgruppen wohl eine multiplikative Verknüpfung in Frage[70].

3.2. Interkorrelative Beziehungen zwischen den Indikatoren

Interkorrelative Verknüpfungen stellen sich zwischen den Umweltindikatoren sowie zwischen ihnen und den Einkommensindikatoren ein. Da bei den Umweltindikatoren Mindestgüteüberschüsse und -defizite nicht aufgerechnet werden, kann zunächst von einer Gleichgewichtung der Luft-, Boden-, Wasser- und Lebensraumgüte ausgegangen werden. Sie wird jedoch durch interkorrelative Beziehungen zwischen den Indikatoren in Frage gestellt. Korrelieren etwa Lebensraumgüte und Bodenindikatoren stark miteinander, könnte dies zu einem Übergewicht dieser beiden Beobachtungsmerkmale für Umweltgüte führen. Die interkorrelativen Beziehungen müßten empirisch überprüft werden, um Verzerrungen auszuschließen[71].

---

[69] Vgl. P. Klemmer [XVIII], Die Gemeinschaftsaufgabe "Verbesserung der regionalen Wirtschaftsstruktur". Zwischenbilanz einer Erscheinungsform des kooperativen Föderalismus. Bochum 1986, S. 46.

[70] Vgl. P. Klemmer [VIII], S. 135.

[71] Vgl. P. Klemmer [VIII], S. 122ff. Siehe auch H.-F. Eckey und K. Wehrt, Das Gewichtungsproblem der Förderindikatoren in der Gemeinschaftsaufgabe "Verbesserung der regionalen Wirtschaftsstruktur". (RUFIS-Beiträge, Nr. 7.) Bochum 1983.

Unabhängig davon, wie über die Verknüpfung der Indikatorengruppen entschieden wird, sind interkorrelative Beziehungen zwischen ihnen bedeutend. Sie sind zum einen zwischen den wirtschaftlichen, zum anderen auch zwischen ökologischen Indikatoren relevant. Wenn etwa die Lebensraumfunktion mit der Qualität der übrigen Medien korreliert, wird ihr Gewicht in der Zielfunktion unterstrichen, weil die Umweltvariablen voneinander nicht unabhängig sind. Zum anderen werden interkorrelative Beziehungen virulent, da die Variablen zur wirtschaftlichen Entwicklung und Umweltqualität voneinander nicht unabhängig sind. Sobald Umweltressourcen einen maßgeblichen Einfluß auf die regionale Wirtschaftsentwicklung ausüben, weil sie Engpaßfaktor oder Einkommensquelle sind, existieren interkorrelative Beziehungen, die die Gewichte der einzelnen Zielgrößen des Indikators verschieben können.

3.3. Regionalisierungsproblem

Regionalisierung möchte die regionalen Gesetzmäßigkeiten, die die Umweltqualität und Einkommensentwicklung prägen, aufdecken[72]. Dazu werden benachbarte Raumpunkte aggregiert, die Ähnlichkeiten oder intensive Interdependenzen aufweisen[73]. Regionalisierungsprobleme werfen wohl die größten Barrieren auf, wenn Regional- und Umweltpolitik miteinander verbunden werden sollen, denn die Zusammenfassung benachbarter Raumpunkte beruht auf verschiedenen Kriterien:

- Die Regionalpolitik gliedert die Fläche in Arbeitsmarktregionen, da sie im Hinblick auf das Ausgleichs- und Wachstumsanliegen das räumliche Zusammenspiel der Produktionsfaktoren Arbeit und Kapital erfassen möchte[74]. Arbeitsmarktregionen sind jedoch für umweltpolitische Zwecke ungeeignet und verzerren die Diagnose der räumlichen Umweltqualität.

- Im Rahmen der Umweltpolitik werden hingegen räumliche Diagnoseeinheiten bevorzugt, die auf der Basis von naturräumlichen Landschaftseinheiten (Waldfläche, Biotopfläche, Gewässerlinie) oder Emissions-Immissions-Verflechtungen gebildet werden.

Wirtschafts- und Umweltregionen stimmen somit nicht überein. Werden Umweltgüteindikatoren auf Arbeitsmarktregionen bezogen, wird das Diagnoseergebnis verzerrt und der Einsatz der Instrumente fehlgeleitet. Erstreckt sich beispielsweise eine Emissions-Immissions-Verflechtung auf die Arbeitsmarktregionen A und B, führt eine Regionalisierung auf Basis von Pendlerverflechtungen fehl, wenn etwa B sämtliche Emissionen der Region A empfängt und ihre Umweltqualitätswerte deshalb negativ ausfallen. Dies signalisiert in B umweltpolitischen Handlungsbedarf, etwa in Gestalt von Investitionszuschüssen für Reinhaltungstechnologien,

---

72 Vgl. D. Fürst, P. Klemmer und K. Zimmermann, S. 14ff.
73 Vgl H. Siebert, Die Anwendung der Mengentheorie für die Abgrenzung von Regionen. In: P. Sedlacek (Hrsg.), Regionalisierungsverfahren. Darmstadt 1978, S. 124ff.
74 Vgl. D. Fürst, P. Klemmer und K. Zimmermann, S. 16; P. Klemmer [VIII], S. 22.

obwohl die eigentliche Belastungsquelle in Region A zu suchen ist und hier die Instrumente eingesetzt werden müßten.

Als zusätzliches Problem ist zu beachten, daß die Gemeinschaftsaufgabe bisher mit einem einzigen Regionstyp auskommt, die Umweltpolitik hingegen für Luft-, Boden-, Wasser- und Lebensraummerkmale individuelle Raumabgrenzungen benötigt[75]. Lassen sich Güteaussagen für die Luft-, Wasser-, Boden- und Lebensraumqualität auf Arbeitsmarktregionen beziehen?

- Für den Faktor Boden scheiden horizontale Emissions-Immissions-Verflechtungen aus, da die Schadstoffe mit dem Eintritt in das Medium weitgehend immobilisiert werden. Soweit sie mobil sind, wandern sie in die Nahrungsmittelkette ab, verlassen über Pflanzen bzw. Grundwasser den Boden. Räumliche Besonderheiten in der Stoffimmobilisierung ergeben sich aus der unterschiedlichen Verteilung der Bodentypen und der Flächennutzung sowie der unterschiedlichen Bedeutung der Bodenfunktionen[76]. Geht man jedoch von punktuellen Emissions-Immissions-Beziehungen aus, können erste Bodenqualitätsaussagen auf die Fläche von Arbeitsmarktregionen bezogen werden. Die Streuung der Einzelwerte ist aber zu berücksichtigen.

- Bei Gewässern ist ein Bezug auf Arbeitsmarktregionen erheblich schwerer oder gar nicht mehr möglich. Nimmt man nicht den gesamten Verlauf des Gewässerkörpers als naturräumliche Einheit, ergeben sich räumliche Besonderheiten in der Schadstoffbelastung eines Gewässers aus der Emissions-Immissions-Verflechtung. Ihre räumliche Ausbreitung hängt von der Fließgeschwindigkeit, dem Wasserstand, dem Gefälle, der Emittentenverteilung entlang des Gewässerverlaufs usw. ab, um nur einige wichtige Determinanten zu nennen. Werden Gewässergüteaussagen zunächst auf die Gewässerfläche der Arbeitsmarktregion bezogen, treten Verzerrungen auf[77], wenn die Immissionspunkte innerhalb (außerhalb), die Emissionspunkte aber außerhalb (innerhalb) der Arbeitsmarktregion liegen. Die über die Gemeinschaftsaufgabe laufenden Mittel würden in die falschen Räume gelenkt.

- Auch bei der Luftgüte treten räumliche Besonderheiten nur zutage, wenn Emissions-Immissions-Verflechtungen reflektiert werden. Da sich deren Grenzen nicht an denen von Arbeitsmarktregionen orientieren, bleiben Luftgüteaussagen bezogen auf Arbeitsmarktregionen ungenau.

- Bei der Diagnose der Lebensraumqualität ist zwischen Tier- und Pflanzenarten zu unterscheiden. Neben naturräumlichen Gliederungen, die sich ebenfalls nicht an Arbeitsmarktregionen orientieren, kommen ansonsten für den Bereich der Tierarten Regionalisierungen auf der Basis von deren "Pendlerbewegungen" in Frage. Sie ergeben sich aus dem Raum- und Flächenbedarf der

---

[75] Vgl. P. Klemmer [III], S. 32; H. Karl, Exklusive Nutzungs- und Verfügungsrechte an Umweltgütern als Instrument für eine umweltschonende Landwirtschaft. (Beiträge zur Struktur- und Konjunkturforschung, Band 25.) Bochum 1986, S. 176ff.

[76] Vgl. P. Klemmer [XIX], Verstärkung kommunaler Umweltpolitik. "Der Landkreis", Stuttgart, Jg. 55 (1985), S. 373.

[77] Vgl. H. Karl und P. Klemmer [II], S. 143.

Tiere. Werden sie nicht berücksichtigt, kommt es zu willkürlichen Raumteilungen, soweit die Arbeitsmarktregion eine Lebensraumregion zerschneidet. Zusätzliche Probleme können auftreten, wenn der Flächenbedarf der verschiedenen wertvollen Arten divergiert.

Faßt man die Überlegungen zusammen, werden die Umweltgüteaussagen vor allem für Luft-, Wasser- und Lebensraumqualität durch ihre Zuordnung zu Arbeitsmarktregionen verfälscht. Infolgedessen würde die Umweltpolitik der Gemeinschaftsaufgabe zu einer räumlichen Fehlallokation der Mittel führen, sobald sie das Ziel verfolgt, die Umweltqualität in den Förderregionen zu verbessern.

Drittes Kapitel

Umwelttatbestände und Infrastrukturindikator

Der Infrastrukturindikator mißt regionale Disparitäten im Bereich der wirtschafts- und haushaltsnahen sowie sozialen (Wohnungs- und Gesundheitsversorgung) Infrastruktur. Von ihm werden die Verkehrs-, Energie-, Ausbildungs- und Umweltinfrastrukturen erfaßt. Für die standardisierten Einzelindikatoren wird das geometrische Mittel gebildet, das als Gesamtindikator für die Infrastruktur den Förderindikator der Gemeinschaftsaufgabe ergänzt[1].

Der Infrastrukturindikator war schon in der Vergangenheit berechtigter Kritik ausgesetzt, da Infrastruktur eine Instrumentvariable und deshalb in der Zielfunktion deplaciert ist. Da sich die Leistungsabgabe von Infrastruktureinrichtungen nicht auf Arbeitsmärkte beschränkt, Infrastrukturelemente außerdem häufig regionale und interregionale Funktionen gleichzeitig wahrnehmen, verfälscht die Zurechnung auf Arbeitsmarktregionen den Ausstattungsvergleich zwischen den Teilräumen[2].

Der Infrastrukturindikator ist primär auf die sozioökonomische Infrastruktur, d.h. die haushalts- und wirtschaftsnahe Infrastruktur ausgerichtet[3]. Seine Werte interessieren die Regionalpolitik zum einen, wenn sie Entwicklungspotentiale quantifizieren möchte. Diese hängen auch von der "natürlichen" und umweltnahen technischen Infrastruktur ab. So schätzte etwa Biehl das wasserwirtschaftliche Immissionspotential einer Region in Abhängigkeit von Gewässerabfluß, Gewässerlänge und durchschnittlicher Gewässerqualität[4]. Er stellt sogenannte Quasi-Produktionsfunktionen[5] auf, bei denen das Bruttoinlandsprodukt direkt vom Immis-

---

[1] Vgl. P. Klemmer [VIII], S. 76ff.
[2] Vgl. P. Klemmer [VIII], S. 82f.
[3] Vgl. D. Biehl u.a., Bestimmungsgründe des regionalen Entwicklungspotentials. (Kieler Studien, Band 133.) Tübingen 1977, S. 103ff.
[4] Vgl. R. Adlung u.a., Konzeption und Instrumente einer potentialorientierten Regionalpolitik. Kiel 1977, S. 100ff.
[5] Vgl. B. Bremicker, P. Klemmer und A. Ortmeyer, Analyse der regionalen Produktionsgesetzmäßigkeiten in der Bundesrepublik Deutschland. (Schriftenreihe der Gesellschaft für Regionale Strukturentwicklung, Band 9.) Bonn 1982, S. 4ff.

sionspotential und mittelbar von den Variablen Gewässerabfluß, -länge usw. abhängt.

Betrachtet man den Infrastrukturindikator im Rahmen einer Abschätzung des regionalen Entwicklungspotentials, ist Umweltgüte sicherlich ein Potentialfaktor, der die Höhe des Bruttoinlandprodukts mitbestimmt. Allerdings ist der empirisch gemessene Zusammenhang zwischen Umweltfaktoren und Bruttoinlandsprodukt eher schwach ausgeprägt[6]. Der Förderindikator der Gemeinschaftsaufgabe will jedoch nicht funktionale Verflechtungen quantifizieren und aus der Gegenüberstellung von potentieller und effektiver Entwicklung Wachstumsspielräume diagnostizieren. Die Gemeinschaftsaufgabe möchte vielmehr Zielgrößen für ihr Ausgleichs- und Verteilungsanliegen operationalisieren und messen. Deshalb können sämtliche Elemente des Infrastrukturindikators im Rahmen des Förderindikators der Gemeinschaftsaufgabe nicht als Erklärungsgrößen des regionalen Produktionsergebnisses aufgefaßt werden.

Die Idee des Entwicklungspotentials kann im Rahmen der Gemeinschaftsaufgabe noch unter einem etwas anderen Blickwinkel aufgegriffen werden: Möchte die Regionalpolitik bevorzugt Einkommensrückstände von Räumen abbauen, die über ein möglichst großes Entwicklungspotential verfügen, könnte ein Güteüberschuß (Gütedefizit) signalisieren, daß die natürlichen Umweltbedingungen (keinen) Spielraum für Einkommensimpulse belassen bzw. zuvor die Umweltbedingungen verbessert werden müssen. Der so interpretierte Infrastrukturindikator hätte zwar wiederum keinen Platz in der Zielfunktion der Gemeinschaftsaufgabe, aber er könnte die Fördergebietsabgrenzung beeinflussen. Wenn Fördergebiete auf der Basis von Einkommens- und Beschäftigungsindikatoren abgegrenzt werden, könnten in einem zweiten Schritt aus ihrem Kreis Räume selektiert werden, bei denen zunächst die infrastrukturellen Voraussetzungen für Einkommenswachstum geschaffen werden müßten. Umweltgüteüberschüsse bzw. -defizite könnten dabei auf Wachstumsgrenzen von seiten der natürlichen Umweltbedingungen hinweisen.

Die Strategie, förderwürdige Regionen erneut nach ihrem Entwicklungspotential zu selektieren, kann jedoch schnell zu Konflikten mit dem Ausgleichsanliegen führen. Neben einer Neubestimmung der Ziele der Gemeinschaftsaufgabe setzt sie außerdem voraus, daß Entwicklungspotentiale hinreichend genau abgegrenzt werden können[7]. Gütedefizite müssen nicht gleichbedeutend mit regionalen Wachstumsgrenzen sein, wenn beispielsweise gering emittierende Sektoren Träger von Entwicklungsprozessen sind. Die globale Aussage des Umweltindikators dürfte in der Regel nicht ausreichen, um Wachstumsgrenzen oder auch -spielräume zu diagnostizieren.

Interpretiert man den Infrastrukturindikator als eine Zielgröße für die regionale Mindestausstattung, so bleibt zwar das Manko erhalten, daß es sich zumindest um eine Zwischenvariable in der Zielfunktion handelt, aber der Begriff der Mindest-

---

6 Vgl. R. Adlung u.a., S. 108f.
7 Zu den Problemen vgl. etwa B. Bremicker u.a., S. 1ff.

ausstattung könnte auf die Umweltqualität ausgedehnt werden. Aus diesem Blickwinkel betrachtet, müßte der entwickelte Gesamtindikator Umweltgüte den Infrastrukturindikator ergänzen. Dies hätte jedoch den gravierenden Nachteil, daß der Infrastrukturindikator zwar geometrisch gebildet, er aber additiv der Gesamtzielfunktion hinzugefügt würde. Damit würde völlige Austauschbarkeit zwischen Einkommens- und Umweltzielen unterstellt.

Verzichtet man darauf, den Infrastrukturindikator um den Umweltgüteindikator aufzustocken, könnte schließlich noch an der Umweltrelevanz von Infrastruktur angeknüpft werden. Die umweltrelevante Infrastruktur zielt auf den Schutz der menschlichen Gesundheit, des Bodens, der Luft und der natürlichen Lebensräume ab. Eine genauere Erfassung der umweltnahen Infrastruktur könnte dann damit begründet werden, daß zwischen Umweltqualität und Infrastrukturbesatz ein positiver (negativer) Zusammenhang existiert. Unter umweltpolitischen Aspekten wäre diese Interpretation frag- und merkwürdig. Ein hoher (geringer) Infrastrukturbesatz an Entsorgungsanlagen kann nicht mit hoher (geringer) Umweltqualität gleichgesetzt werden, denn räumlich divergierende Infrastrukturen drücken Unterschiede in den Belastungs- und Emittentenstrukturen aus. Hohe Infrastrukturwerte im Entsorgungsbereich deuten eher auf eine emissionsintensive Sektoralstruktur oder Agglomerationseinflüsse hin[8]. Ob die von ihnen ausgehenden negativen Umwelteinflüsse schließlich auch zu geringer Umweltgüte oder Gütedefiziten führen, hängt primär vom Reinigungsgrad der physischen Infrastruktur ab. Insbesondere bei in Zukunft verschärften Reinigungsvorschriften kann ein hoher Infrastrukturbesatz nicht als Indiz für abnehmende Umweltqualität gewertet werden.

Der Infrastrukturindikator könnte wiederum auch in Hinblick auf die umweltnahen Entsorgungseinrichtungen als Versorgungsindikator interpretiert werden. Während für Umweltqualität und unter dem Gesichtspunkt der Gleichwertigkeit von Lebensverhältnissen regionsübergreifende Mindestqualitätsnormen noch plausibel sein können[9], gilt dies für die Infrastrukturausstattung nicht, weil der Versorgungsbedarf räumlich stark divergiert. Bundeseinheitliche Mindestnormen können dem nicht gerecht werden. Sie stellen außerdem nicht sicher, daß in den Regionen eine annähernd gleiche Mindestumweltgüte erreicht wird.

Die genannten umweltrelevanten wirtschaftsnahen Infrastruktureinrichtungen können sinnvollerweise nicht auf Arbeitsmarkt- oder Verwaltungsregionen bezogen werden. Ihr räumliches Einzugsgebiet ist nicht durch Berufspendlerbewegungen charakterisiert, sondern von Skalenerträgen der Anlagen und Transportkosten abhängig[10]. So können etwa Abwasserreinigungsanlagen Reststoffe aus Räumen verschiedener Arbeitsmärkte aufnehmen. Werden sie im Rahmen der Gemeinschaftsaufgabe jedoch auf der Basis von Arbeitsmärkten erfaßt, bleiben interloka-

---

8 Vgl. D. Ewringmann u.a., S. 172.
9 Vgl. H. Karl, P. Klemmer und B. Micheel, S. 5ff.
10 Vgl. D. Hecht, Ökonomische Aspekte der Abfallwirtschaft. (RUFIS-Beiträge, Nr. 1/1988.) Bochum 1988, S. 40ff.; H. Karl, Sonderabfallwirtschaft - ein Ausnahmebereich vom Wettbewerb? "List-Forum", Band 14 (1987/88), S. 355.

le und interregionale Verflechtungen ausgeblendet und der Ausstattungsvergleich wird verfälscht.

Viertes Kapitel

Externe Leistungen und Gemeinschaftsaufgabe

Nicht zuletzt aufgrund einer großräumlichen Arbeitsteilung, irreversibel zerstörten Naturlandschaften in den Städten und Ballungsräumen sowie einer ungleichen räumlichen Verteilung der Naturgüter nehmen einzelne Regionen bei der Bereitstellung ökologischer Ressourcen überregionale Funktionen wahr. Großräumlich werden diese noch immer vom ländlichen Raum erbracht. Sie werden zwar durch Besiedlung und intensive Landwirtschaft[1] bedroht, aber, verglichen mit anderen Räumen, finden sich hier noch wichtige ökologische Reserven. Auf sie stellt auch das Konzept der Vorrangfunktionen ab, das ganz bestimmte Teilräume zugunsten etwa des Naturschutzes oder der Trinkwasserversorgung reservieren möchte[2]. In den betreffenden Regionen werden häufig umweltrelevante Leistungen erbracht, die dort

- einerseits Einkommens- und Entwicklungseinbußen hervorrufen,

- andererseits jedoch von den Empfängerregionen nicht honoriert werden.

Hier werden externe Effekte interregional wirksam[3]. Es könnte nun daran gedacht werden, derartige externe Nachteile im Rahmen der Gemeinschaftsaufgabe "Verbesserung der regionalen Wirtschaftsstruktur" zu berücksichtigen. Regionen, die

---

[1] Vgl. H. Karl und P. Klemmer [III], Ökonomische und ökologische Argrarmarktreform und Ansatzpunkte für die Vergabe von Bewirtschaftungsbeiträgen. "Zeitschrift für Umweltpolitik und Umweltrecht", Jg. 11 (1988), S. 339ff.

[2] Vgl. P. Klemmer [III], S. 66ff.; U. Brösse, Ausgeglichene Funktionsräume oder funktionsräumliche Arbeitsteilung durch Vorranggebiete als alternative Konzepte für Regional- und Umweltpolitik. "Zeitschrift für Umweltpolitik und Umweltrecht", Jg. 1 (1978), S. 13ff.; U. Brösse, Funktionsräumliche Arbeitsteilung, Funktionen und Vorrganggebiete. In: Akademie für Raumforschung und Landesplanung (Hrsg.) [IX], Funktionsräumliche Arbeitsteilung, Teil I. (Forschungs- und Sitzungsberichte, Band 138.) Hannover 1981, S. 15ff.

[3] Vgl. R. Thoss, Großräumige Funktionszuweisungen und ausgeglichene Funktionsräume. In: Akademie für Raumforschung und Landesplanung (Hrsg.) [X], Strategien des regionalen Ausgleichs und der großräumigen Arbeitsteilung. (Beiträge der Akademie für Raumforschung und Landesplanung, Band 57.) Hannover 1981, S. 13ff.

solche Leistungen unentgeltlich erbringen, müßten mit Hilfe eines modifizierten Förderindikators ausgewiesen werden.

Eine solche Reform des Indikators stünde zunächst dem Charakter der Gemeinschaftsaufgabe entgegen. Sie übernimmt primär eine Ausgleichs- und Verteilungsfunktion, während die Honorierung externer Leistungen eine Allokationsaufgabe ist, bei der externe Effekte internalisiert werden sollen. Zwischen Regionen werden externe Effekte nicht nur im Umwelt-, sondern auch im Infrastrukturbereich wirksam, die die Gemeinschaftsaufgabe bisher nicht reflektierte. Wenn über die Umwelt transportierte externe Vor- oder Nachteile internalisiert werden sollen, müßte die Regionalpolitik auch andere externe Verflechtungen berücksichtigen. Dies ist allerdings kaum im Rahmen des Förderindikators der Gemeinschaftsaufgabe möglich, bilanziert er doch nur die Einkommens- und Beschäftigungssituation in Regionen und ist von daher kaum fähig, interregionale Verflechtungen anzuzeigen. Bereits deshalb müßte die hier angesprochene Allokations- von der in der Gemeinschaftsaufgabe dominierenden Verteilungsfunktion isoliert werden.

Bei der Übernahme einer Allokationsfunktion wäre schließlich zu beraten, ob sie nicht eher dem Finanzausgleich übertragen werden sollte. Schließlich wären auch alternative Wege einer Internalisierung externer Effekte zu prüfen. Verhandlungs-, Abgaben- oder Zertifikatslösungen sind möglicherweise effizientere Instrumente als die Korrektur im Rahmen der Gemeinschaftsaufgabe oder des Finanzausgleichs, zumal externe Leistungen und Kosten nur schwer exakt zu bilanzieren sind[4]. Außerdem liegen bisher keine Arbeiten vor, die auf der Basis von Indikatoren räumliche externe Effekte und deren Verteilungs- sowie Allokationswirkungen abschätzen könnten.

Beharrt man trotzdem auf einer Erfassung externer Leistungen mit Hilfe des Förderindikators der Gemeinschaftsaufgabe, bleibt auch hier die Regionalisierungsfrage als unüberbrückbare Hürde bestehen. Arbeitsmärkte repräsentieren eben gerade nicht großräumige Vorrangfunktionen bzw. externe Verflechtungen zwischen Regionen. Die Erfassung und anschließende Reallokation von Mitteln müßte deshalb verzerrt ausfallen.

---

4   Vgl. P. Klemmer [III], S. 43ff.

Fünftes Kapitel

Zusammenfassung

Faßt man die ersten Überlegungen zu einer umweltpolitischen Erweiterung des Indikatorenkatalogs der Gemeinschaftsaufgabe "Verbesserung der regionalen Wirtschaftsstruktur" zusammen, steht die sachliche Begründung für eine

- direkte Erfassung der regionalen Umweltgüte über spezifische Umweltindikatoren,
- umweltorientierte Interpretation des bestehenden Infrastrukturindikators,
- Berücksichtigung externer Leistungen von Regionen

als Selektionskriterien auf schwachen Füßen. Regional- und Umweltpolitik kennen zwar wechselseitige Nebenwirkungen, die mit dem Einsatz ihrer Instrumente ausgelöst werden, aber ihre inhaltlichen Zielsetzungen sind zu verschieden und rivalisierend, um beide in der Gemeinschaftsaufgabe zu bündeln. Im Sinne einer guten Gliederung bzw. Dezentralisierung politischen Handelns sollten die Felder der Regional- und Umweltpolitik nicht mit Zielkonflikten überfrachtet werden, die eine politische Abwägung verlangen. Statt dessen sollten Konflikte zwischen dem Einkommens- und Umweltanliegen auf der Ebene der Legislative politisch entschieden werden. Darauf aufbauend sind sowohl für die Regional- als auch für die Umweltpolitik Rahmenbedingungen oder Restriktionen zu setzen, innerhalb derer sie ihre Ziele verfolgen können.

Für die Umweltpolitik bedeutet dies, daß sie Mindestgütenormen[1] formuliert, die von der Regionalpolitik zu beachten sind. Sie hätten den Vorteil, daß

- lediglich die Entwicklungsbedingungen einer Region strukturiert werden, ihre Richtung aber nicht präjudiziert wird,
- die Region autonom darüber entscheiden kann, wie sie sich Umweltrestriktionen anpassen möchte,

---

[1] Vgl. auch H. Karl, P. Klemmer und B. Micheel, S. 5ff.

- Mindestqualitäten regionalisiert werden könnten und damit den räumlich ungleich verteilten ökologischen Potentialen Rechnung getragen werden kann[2].

Umgekehrt wird die Regionalpolitik eine entwicklungskonforme Umweltpolitik fordern, die keine künstlichen Barrieren schafft[3]. Ein solcher Ansatz verzichtet auf die explizite Integration ökologischer Ziele im Rahmen der Gemeinschaftsaufgabe, ohne dabei jedoch die Verknüpfung zwischen beiden Politikbereichen auszublenden. Gleichzeitig kann sich die regionale Wirtschaftspolitik auf ihre Wachstums- und Entwicklungsorientierung zugunsten des Abbaus wirtschaftlicher Disparitäten konzentrieren, wobei auch von ihr geförderte Investitionen die umweltpolitischen Rahmenbedingungen zum Ressourcenschutz, Artenerhalt usw. respektieren müssen.

Soll die Umweltqualität direkt gemessen werden, müssen geeignete Indikatoren gefunden werden. Zwar können querschnittsorientierte oder nutzungsunabhängige Indikatoren als Gütekriterien für einzelne Umweltmedien und Lebensräume gebildet werden, aber

- es stellen sich zahlreiche Engpässe bei der Datenverfügbarkeit ein, so daß in der Praxis mit rudimentären und unzureichenden Mindestgütewerten gerechnet werden muß,

- eine Reihe von Einzelindikatoren, etwa Flächenanteilswerte, sind methodisch noch nicht ausgereift[4],

- ökologische Besonderheiten in einzelnen Regionen lassen sich nur äußerst schwer berücksichtigen,

- eine Einbeziehung von Umweltqualitätsaspekten in den Zielkatalog der Regionalpolitik würde eine Neuformulierung der Zielfunktion der regionalpolitischen Gemeinschaftsaufgabe erfordern, wobei insbesondere die völlige Austauschbarkeit der Einzelindikatoren aufgehoben werden müßte,

- interkorrelative Beziehung werden diagnosemindernd wirksam,

- Arbeitsmarktregionen und Abgrenzungen auf naturräumlicher Basis oder der Grundlage von Emissions-Immissions-Verflechtungen sind inkompatibel.

Das zuletzt aufgeführte Regionalisierungsproblem stellt sich gleichfalls dem Versuch entgegen, über den Infrastrukturindikator oder über die Erfassung externer Leistungen bzw. Nachteile Umweltzusammenhänge zu erfassen. Soweit der Infrastrukturindikator extensiv um die umweltrelevante Infrastruktur erweitert oder zusätzlich gewichtet würde, bliebe die Schwierigkeit bestehen, daß

---

2 Vgl. H. Karl und P. Klemmer [I], S. 169ff.
3 Vgl. P. Klemmer [XX], Institutionelle Hemmnisse und wirtschaftlicher Niedergang altindustrieller Regionen. In: H.J. Müller (Hrsg.), Determinanten der räumlichen Entwicklung. (Schriften des Vereins für Socialpolitik, N.F. Band 131.) Berlin 1983, S. 75ff.
4 Vgl. J. Jennen und K. Zimmermann, S. 150ff.; Der Rat von Sachverständigen für Umweltfragen (Hrsg.) [IV], Umweltgutachten 1974. Stuttgart und Mainz 1974, Ziffer 832ff.

- der Indikator nicht sinnvoll interpretiert werden kann, wenn er regional divergierende Umweltqualität anzeigen soll,
- das Umweltanliegen dann lediglich additiv in der Zielfunktion der Gemeinschaftsaufgabe zur Geltung käme.

Soweit externe Leistungen bzw. Nachteile in der Gemeinschaftsaufgabe Berücksichtigung finden sollen, stellt sich hier neben dem Regionalisierungsproblem die Schwierigkeit, daß

- alternative Internalisierungswege möglicherweise geringere Transaktionskosten kennen,
- erhebliche Bewertungs- und Erfassungsprobleme ungelöst sind.

Summa summarum scheint ein "ökologisches Standbein" die Stabilität und Effizienz der Gemeinschaftsaufgabe "Verbesserung der regionalen Wirtschaftsstruktur" nicht zu erhöhen. Beiden Politikbereichen ist eher geholfen, wenn Rahmenbedingungen für eine wirtschaftsverträgliche Umweltpolitik und eine umweltverträgliche Regionalpolitik formuliert werden. Sie tragen dem Abstimmungsbedarf Rechnung und überfrachten Politikbereiche nicht mit Zielkonflikten.

Literaturverzeichnis

Adlung, R. u.a., Konzeption und Instrumente einer potentialorientierten Regionalpolitik. Kiel 1977.

Akademie für Raumforschung und Landesplanung (Hrsg.) [I], Wechselseitige Beeinflussung von Umweltvorsorge und Raumordnung. (Forschungs- und Sitzungsberichte, Band 165.) Hannover 1987.

Akademie für Raumforschung und Landesplanung (Hrsg.) [II], Umweltgüte und Raumentwicklung. (Forschungs- und Sitzungsberichte, Band 179.) Hannover 1988.

Akademie für Raumforschung und Landesplanung (Hrsg.) [III], Integration der Landschaftsplanung in die Raumplanung. (Forschungs- und Sitzungsberichte, Band 180.) Hannover 1988.

Akademie für Raumforschung und Landesplanung (Hrsg.) [IV], Umweltvorsorge durch Raumordnung. Referate und Diskussionsberichte anläßlich der Wissenschaftlichen Plenarsitzung 1983 in Wiesbaden. (Forschungs- und Sitzungsberichte, Band 158.) Hannover 1984.

Akademie für Raumforschung und Landesplanung (Hrsg.) [V], Daten zur Raumplanung. Teil A. Hannover 1981.

Akademie für Raumforschung und Landesplanung (Hrsg.) [VI], Gleichwertige Lebensbedingungen durch eine Raumordnungspolitik des mittleren Weges, Indikatoren, Potentiale, Instrumente. (Forschungs- und Sitzungsberichte, Band 140.) Hannover 1983.

Akademie für Raumforschung und Landesplanung (Hrsg.) [VII], Funktionsräumliche Arbeitsteilung und ausgeglichene Funktionsräume in Nordrhein-Westfalen. (Forschungs- und Sitzungsberichte, Band 163.) Hannover 1985.

Akademie für Raumforschung und Landesplanung (Hrsg.) [VIII], Bodenschutz als Aufgabe der Landes- und Regionalplanung. (Arbeitsmaterial, Band 129.) Hannover 1987.

Akademie für Raumforschung und Landesplanung (Hrsg.) [IX], Funktionsräumliche Arbeitsteilung, Teil I. (Forschungs- und Sitzungsberichte, Band 138.) Hannover 1981.

Akademie für Raumforschung und Landesplanung (Hrsg.) [X], Strategien des regionalen Ausgleichs und der großräumigen Arbeitsteilung. (Beiträge der Akademie für Raumforschung und Landesplanung, Band 57.) Hannover 1981.

Arrow, K. und Fisher, A.C., Naturerhaltung, Unsicherheit und Irreversibilität. In: Osterkamp, R. u.a. (Hrsg.), S. 184ff.

Barth, H.-G., Ökologische Orientierung in der Raumordnungspolitik. In: Jahrbuch der Geographischen Gesellschaft zu Hannover, Sonderheft 11. Hannover 1984, S. 7ff.

Beck, G., Vorherrschende wissenschaftliche Sichtweisen der Regionalpolitik in der Bundesprepublik Deutschland. In: Jahrbuch der Geographischen Gesellschaft zu Hannover, Sonderheft 11. Hannover 1984, S. 25ff.

Beirat für Raumordnung (Hrsg.), Empfehlungen vom 16. Juni 1976. Bonn 1976, hier zitiert nach Thoss, R., Zur Integration ökologischer Gesichtspunkte in die Raumordnungspolitik. In: Buchwald, K. und Engelhardt, W. (Hrsg.) [I], S. 180f.

Benkert, W., Die raumwirtschaftliche Dimension der Umweltnutzung. Berlin 1981.

Bernhardt, H., Nutzungsbezogene Gewässerzustandsbeschreibung für die Trinkwassergewinnung. In: Oswald-Schulze-Stiftung (Hrsg.), S. 109ff.

Bick, H., Ökologie der Gewässer. In: Bick, H. u.a. (Hrsg.), S. 169.

Bick, H., Abwasser und Gewässerverschmutzung. In: Bick, H. u.a. (Hrsg.), S. 165ff.

Bick, H. u.a. (Hrsg.), Angewandte Ökologie, Mensch und Umwelt, Band 1. Stuttgart und New York 1984.

Biehl, D. u.a., Bestimmungsgründe des regionalen Entwicklungspotentials. (Kieler Studien, Band 133.) Tübingen 1977.

Binswanger, H.C., Timmermann, N. und Bonus, H., Wirtschaft und Umwelt. Möglichkeiten einer ökologieverträglichen Wirtschaftspolitik. Stuttgart u.a. 1981.

Bormann, W., Der Attraktivitätsfaktor als Beitrag zur Indikatorisierung der Lebensqualität. In: Institut für Umweltschutz der Universität Dortmund (Hrsg.), S. 68ff.

Borries, F.W.v., Zur Konstruktion von Umweltindizes. "Allgemeines Statistisches Archiv", Göttingen, Band 59 (1975), S. 41ff.

Braedt, J., Indikatoren. In: Akademie für Raumforschung und Landesplanung (Hrsg.) [V], Abschnitt A V.2.2 (2).

Bremicker, B., Klemmer, P. und Ortmeyer, A., Analyse der regionalen Produktionsgesetzmäßigkeiten in der Bundesrepublik Deutschland. (Schriftenreihe der Gesellschaft für Regionale Strukturentwicklung, Band 9.) Bonn 1982.

Breuer, R., Öffentliches und privates Wasserrecht. (Schriftenreihe der Neuen juristischen Wochenzeitschrift.) München 1976.

Brösse, U., Ausgeglichene Funktionsräume oder funktionsräumliche Arbeitsteilung durch Vorranggebiete als alternative Konzepte für Regional- und Umweltpolitik. "Zeitschrift für Umweltpolitik und Umweltrecht", Frankfurt, Jg. 1 (1978), S. 13ff.

Brösse, U., Funktionsräumliche Arbeitsteilung, Funktionen und Vorrganggebiete. In: Akademie für Raumforschung und Landesplanung (Hrsg.) [IX], S. 15ff.

Brösse, U., Raumordnungspolitik. 2. Aufl., Berlin und New York 1982.

Brümmer, G.W., Funktion des Bodens im Stoffhaushalt der Ökosphäre. (Deutscher Rat für Landespflege, Heft 31.) München 1978, S. 13ff.

Brümmer, G.W., Funktion der Böden in der Ökosphäre und Überlegungen zum Bodenschutz. In: Bundesforschungsanstalt für Landeskunde und Raumordnung (Hrsg.), S. 1ff.

Buchwald, K., Landschaft - Begriff, Elemente, System. In: Buchwald, K. und Engelhardt, W. (Hrsg.) [II], S. 1ff.

Buchwald, K. und Engelhardt, W. (Hrsg.) [I], Handbuch für Planung, Gestaltung und Schutz der Umwelt. Band 3: Die Bewertung und Planung der Umwelt. München 1980.

Buchwald, K. und Engelhardt, W. (Hrsg.) [II], Handbuch für Planung, Gestaltung und Schutz der Umwelt. Band 2: Die Belastungen der Umwelt. München 1978.

Bundesforschungsanstalt für Landeskunde und Raumordnung (Hrsg.), Boden, das dritte Umweltmedium. Beiträge zum Bodenschutz. (Forschungen zur Raumentwicklung, Band 14.) Bonn 1985.

Bundesminister für Raumordnung, Bauwesen und Städtebau (Hrsg.) [I], Indikatoren zur Raum- und Siedlungsstruktur im bundesweiten Vergleich (Indikatorenkatalog), Ergebnisse der Beratungen im Rahmen der Ministerkonferenz für Raumordnung 1975/1983 mit Berechnungen der Bundesforschungsanstalt für Landeskunde und Raumordnung. Bonn 1983.

Bundesminister für Raumordnung, Bauwesen und Städtebau (Hrsg.) [II], Raumordnungsbericht 1986. Bonn 1986.

Bürger, K., Entwicklung von Natur und Landschaft. "Informationen zur Raumentwicklung", Bonn, Jg. 1987, S. 45ff.

Cichorowski, G., Regionale Differenzierung in der Wassergütewirtschaft. (Schriftenreihe des Instituts für Wasserversorgung, Abwasserbeseitigung und Raumplanung an der TH Darmstadt.) Darmstadt 1982.

Coase, R., The Problem of Social Cost. In: Dorfman, R. and Dorfman, N., S. 142ff.

Conservation Foundation (Ed.), State of the Environment. An Assessment at Mid-Decade. Washington, D.C., 1984.

Csicsaky, M. und Krämer, U., Gesundheitsrisiken durch Luftschadstoffe. "WSI-Mitteilungen", Düsseldorf, Jg. 38 (1985), S. 738ff.

Deutsche Landwirtschaftsgesellschaft (Hrsg.), Nitrat - ein Problem für unsere Trinkwasserversorgung? Frankfurt 1984.

Deutscher Rat für Landespflege, Bodenschutz - Gutachterliche Stellungnahme. In: Bodenschutz - Gutachterliche Stellungnahme und Ergebnisse eines Kolloquiums des Deutschen Rates für Landespflege. (Schriftenreihe des Deutschen Rates für Landespflege, Heft 51.) Bonn 1986, S. 7ff.

Deutscher Verband für Wasserwirtschaft und Kulturbau e.V. (Hrsg.), Beiträge zur Gewässerbeschaffenheit. (Schriftenreihe des Deutschen Verbandes für Wasserwirtschaft und Kulturbau e.V., Heft 45.) Hamburg und Berlin 1981.

Deutscher Verein des Gas- und Wasserfaches (Hrsg.), Wasserfachliche Aussprachetagung, Hannover 1978: Wassergüte - Anforderungen, Kontrolle und Sicherung im Wasserwerksbetrieb. (DVGW-Schriftenreihe Wasser, Nr. 15.) Frankfurt 1978.

Dierkes, M., Gesellschaftsbezogene Berichterstattung. Was lehren uns die Experimente der letzten 10 Jahre? (Wissenschaftszentrum Berlin, discussion papers, no. 84-5.) Berlin 1984.

Dinkloh, L., Grenzwerte in der Praxis der Wassergütewirtschaft. In: Deutscher Verein des Gas- und Wasserfaches (Hrsg.), S. 63ff.

Doetsch, P. und Pöppinghaus, K., Gewässergüte - Möglichkeiten der Quantifizierung. In: Gewässerschutz und Abwasserreinigungals komplexe Aufgabe - Was ist möglich und was ist machbar? (Gewässerschutz, Wasser, Abwasser, Band 69.) Aachen 1985, S. 271ff.

Dorfman, R. and Dorfman, N., Economics of the Environment. Selected Readings. 2nd edition, New York 1977.

Dreissigacker, H.-L., Die wesentlichen Zielsetzungen des Entwurfs einer Novelle 1978 zum Bundes-Immisionschutzgesetz. "Informationen zur Raumentwicklung", Bonn, Jg. 1980, S. 477.

Drenowski, J., On Measuring and Planning the Quality of Life. (Publications of the Institute of Social Studies, vol. 11.) Paris 1974.

Dudenhöfer, F., Mehrheitswahl - Entscheidungen über Umweltnutzungen. Frankfurt u.a. 1983.

Eberstein, H. (Hrsg.), Handbuch der regionalen Wirtschaftsförderung. 2. Aufl., Köln 1971/1988.

Eckey, H.-F., Grundlagen der regionalen Strukturpolitik. Köln 1978.

Eckey, H.-F. und Wehrt, K., Das Gewichtungsproblem der Förderindikatoren in der Gemeinschaftsaufgabe "Verbesserung der regionalen Wirtschaftsstruktur". (RUFIS-Beiträge, Nr. 7/1983.) Bochum 1983.

Eheart, W. and Lyon, E., Alternative Structures for Water Rights Marktes. "Water Ressources Research", vol. 19 (1983), S. 887ff.

Ewringmann D. u.a., Die Gemeinschaftsaufgabe "Verbesserung der regionalen Wirtschaftsstruktur" unter veränderten Rahmenbedingungen. (Finanzwissenschaftliche Forschungsarbeiten, Band 55.) Berlin 1986, S. 20.

Feddersen, F. und Kruck, R. unter Leitung von Hansmeyer, K.-H., Der Einfluß der Umweltpolitik auf die wirtschaftliche Entwicklung in den Ballungsräumen. (Schriften der Gesellschaft für Regionale Strukturpolitik, Band 11.) Bonn 1982.

Fellenberg, G., Umweltforschung. Berlin u.a. 1979.

Finke, L., Umweltgüteziele in der Regionalplanung - dargestellt am Beispiel der Nordwanderung des Steinkohlenbergbaus. In: Akademie für Raumforschung und Landesplanung (Hrsg.) [II], S. 13ff.

Flascha, G., Indikatoren und Indizes der Umwelt. Marburg 1990.

Förstner, U. und Müller, G., Schwermetalle in Flüssen und Seen als Ausdruck der Umweltverschmutzung. Berlin u.a. 1974.

Frey, R., Begründung einer stärkeren Dezentralisierung politischer Entscheidungen aus der ökonomischen Theorie des Föderalismus. In: Schuster, F. (Hrsg.) [II], S. 24ff.

Fürst, D., Klemmer, P. und Zimmermann, K., Regionale Wirtschaftspolitik. Tübingen und Düsseldorf 1976.

Fürst, D., Nijkamp, P. und Zimmermann, K. (Hrsg.), Umwelt, Raum, Politik. Ansätze einer Integration von Umweltschutz, Raumplanung und Entwicklungspolitik. Berlin 1986.

Gatzweiler, H.P., Die Ermittlung der Gleichwertigkeit regionaler Lebensbedingungen mit Hilfe von Indikatoren. In: Akademie für Raumforschung und Landesplanung (Hrsg.) [VI], S. 25ff.

Gatzweiler, H.P. und Schmallenbach, J., Aktuelle Situation und Tendenzen der räumlichen Entwicklung im Bundesgebiet. "Informationen zur Raumentwicklung", Bonn, Jg. 1981, S. 751ff.

Gehrmann, F., Sozialindikatoren - Ein Lehrbeispiel für Umweltindikatoren. (Wissenschaftszentrum Berlin, discussion papers, no. 82-10.) Berlin 1982.

Geyer, T., Regionale Vorrangkonzepte für Freiraumfunktionen - Methodische Fundierung und planungspraktische Umsetzung. (Werkstattbericht, Nr. 13.) Kaiserslautern 1987.

Gimbel, R. und Sontheimer, H., Die IAWR-Methode zur Darstellung der Gewässergüte aus der Sicht der Trinkwasserversorgung. In: Oswald-Schulze-Stiftung (Hrsg.), S. 313ff.

Grandjean, E., Luftverschmutzung - Quellen und Anteile. Umfang und Schädlichkeit der Luftverschmutzung. In: Auto - Mensch - Umwelt. 16. Vortragstagung vom 2./3. November 1972 beim Automobilclub der Schweiz. Bern 1973.

Hackl, A. und Malissa, H. (Hrsg.), Schwermetalle in der Umwelt. (Schriftenreihe der Technischen Universität Berlin, Band 17.) Wien und New York 1980.

Hampicke, U., Die volkswirtschaftlichen Kosten des Naturschutzes in Berlin. Berlin 1985.

Hampicke, U., Naturschutz als ökonomisches Problem. "Zeitschrift für Umweltpolitik und Umweltrecht", Frankfurt, Jg. 10 (1987), S. 157ff.

Hecht, D., Ökonomische Aspekte der Abfallwirtschaft. (RUFIS-Beiträge, Nr. 1/1988.) Bochum 1988.

Hölting, B., Hydrogeologie. Einführung in die Allgemeine und Angewandte Hydrogeologie. 2. Aufl., Stuttgart 1984.

Hübler, H.-H., Wechselwirkungen zwischen Raumordnungspolitik und Umweltpolitik. In: Akademie für Raumforschung und Landesplanung (Hrsg.) [I], S. 11ff.

Hülsmann, W. und Rosenfeld, R., Umweltinformationsinstrumente für die Landesplanung Nordrhein-Westfalens. Grundstruktur einer Methode zur räumlichen Darstellung und Bewertung der natürlichen Lebensgrundlagen. (Kurzberichte zur Landes- und Stadtentwicklungsforschung, Band 1/82.) Dortmund 1982.

Institut für Landes- und Stadtentwicklungsforschung des Landes Nordrhein-Westfalen (Hrsg.), Überprüfung der Sockelgleichwertigkeit in den Oberbereichen Nordrhein-Westfalens mit Hilfe der Indikatoren des Beirats für Raumordnung. Bearbeitung im Aufgabenbereich III. Dortmund 1983.

Institut für Umweltschutz der Universität Dortmund (Hrsg.), Umweltindikatoren als Planungsinstrumente. (Beiträge zur Umweltgestaltung, Band 11.) Berlin 1977.

Interministerielle Arbeitsgruppe Bodenschutz (Hrsg.), Abschlußbericht der Untergruppe IV (Flächennutzung): Flächennutzungen und Bodenschutz. "Informationen zur Raumentwicklung", Bonn, Jg. 1985, S. 150ff.

Jacobitz, K.H. u.a., Vorranggebiete für die Wassergewinnung als Instrumente der Regional- und Landesplanung. (Beiträge der Akademie für Raumforschung und Landesplanung, Band 81.) Hannover 1984.

Jennen, J. und Zimmermann, K., Ein Ansatz zur Konstruktion eines Umweltgesamtindikators. Entwicklungsmöglichkeiten und Grenzen. "Jahrbücher für Nationalökonomie und Statistik", Stuttgart, Band 129 (1977/78), S. 148ff.

Jessberger, H.-L., Altlasten und kontaminierte Standorte - Erkundung und Sanierung. Bochum 1985.

Jessberger, H.-L. (Hrsg.), Erkundung und Sarnierung von Altlasten. Rotterdam 1989.

Jung, L. und Preusse, H.J., Boden. In: Buchwald, K. und Engelhardt, W. (Hrsg.) [II], S. 24ff.

Karl, H., Exklusive Nutzungs- und Verfügungsrechte an Umweltgütern als Instrument für eine umweltschonende Landwirtschaft. (Beiträge zur Struktur- und Konjunkturforschung, Band 25.) Bochum 1986.

Karl, H., Ökonomie öffentlicher Risiken in Marktwirtschaften. "Wist - Wirtschaftswissenschaftliches Studium", München und Frankfurt, Jg. 16 (1987), S. 217ff.

Karl, H., Sonderabfallwirtschaft - ein Ausnahmebereich vom Wettbewerb? "List-Forum", Düsseldorf, Band 14 (1987/88), S. 345ff.

Karl, H., Stadt- und Regionalentwicklung unter dem Einfluß neuer wasserwirtschaftlicher Technologien. Bochum 1990.

Karl, H., Altlastensarnierung - Ansätze zur Deckung des Finanzbedarfs. (RUFIS-Beiträge, Nr. 1/1987.) Bochum 1987.

Karl, H., Property Rights als Instrument für eine umwelt- und grundwasserschonende Landwirtschaft. "Zeitschrift für Umweltpolitik und Umweltrecht", Frankfurt, Jg. 10 (1987), S. 23ff.

Karl, H. und Klemmer, P. [I], Ökologisierung der Regionalpolitik oder Regionalisierung der Umweltpolitik? "Zeitschrift für angewandte Umweltforschung", Berlin, Jg. 1 (1988), S. 161ff.

Karl, H. und Klemmer, P. [II], Gewässergüteindikatoren der Raumplanung, Nutzwertanalysen als Grundlage für die Bestimmung von Gewässergüteindikatoren. In: Akademie für Raumforschung und Landesplanung (Hrsg.) [II], S. 125ff.

Karl H. und Klemmer, P. [III], Ökonomische und ökologische Argrarmarktreform und Ansatzpunkte für die Vergabe von Bewirtschaftungsbeiträgen. "Zeitschrift für Umweltpolitik und Umweltrecht", Jg. 11 (1988), S. 339ff.

Karl, H., Klemmer, P., Micheel, B., unter Mitarbeit von Junkernheinrich, M., Regionale Umweltberichterstattung, Grundlagen nutzungsorientierter Indikatoren zur Beschreibung regionaler Umweltqualität. (Beiträge zur Struktur- und Konjunkturpolitik, Band 27.) Bochum 1988.

Kaule, G., Arten- und Biotopschutz. Stuttgart 1986.

Kiemstedt, H., Forderungen an die Regionalplanung aus der Sicht der Landschaftsrahmenplanung. In: Akademie für Raumforschung und Landesplanung (Hrsg.) [III], S. 153ff.

Kiemstedt, H., Voraussetzungen und Möglichkeiten für die Umsetzung des Bodenschutzes in der räumlichen Planung. In: Akademie für Raumforschung und Landesplanung (Hrsg.) [VIII], S. 5ff.

Klaus, J. und Schleicher, J., Räumliche Wirtschaftspolitik. München 1983.

Klein, R. und Peithmann, O., Umweltindikatoren in der Regional- und Landesplanung am Beispiel der Freizeit- und Fremdenverkehrsplanung. In: Institut für Umweltschutz der Universität Dortmund (Hrsg.), S. 52ff.

Klemmer, P. [I], Regionalpolitik auf dem Prüfstand. Köln 1986.

Klemmer, P. [II], Regionalpolitik. In: Woll, A. (Hrsg.), Wirtschaftslexikon. 2. Aufl., München 1987, S. 483ff.

Klemmer, P. [III], Regionalpolitik und Umwelt, Untersuchung der Interdependenzen zwischen Regionalpolitik und Umweltpolitik. (Beiträge der Akademie für Raumforschung und Landesplanung, Band 106.) Hannover 1986.

Klemmer, P. [IV], Gemeinschaftsaufgabe "Verbesserung der regionalen Wirtschaftsstruktur", Zwischenbilanz einer Erscheinungsform des kooperativen Föderalismus. In: Schuster, F. (Hrsg.) [I], S. 299ff.

Klemmer, P. [V], Zur Aufgabenstellung der regionalen Strukturpolitik. In: Schmidt, R. (Hrsg.), S. 5ff.

Klemmer, P. [VI], Regionalpolitik nicht überfordern. "Wirtschaftsdienst", Hamburg, Jg. 67 (1987), S. 379ff.

Klemmer, P. [VII], Reform der regionalen Wirtschaftspolitik. "Wirtschaftsdienst", Hamburg, Jg. 65 (1985), S. 290ff.

Klemmer, P. [VIII], unter Mitarbeit von Bremicker, B., Abgrenzung von Fördergebieten. Bochum 1983.

Klemmer, P. [IX], Umweltschutz und Bautätigkeit. "Ifo-Schnelldienst", München, Jg. 40 (1987), Heft 20, S. 21ff.

Klemmer, P. [X], Reaktivierung kontaminierter Standorte und Strukturpolitik. In: ENTSORGA eGmbH (Hrsg.), Altlastensanierung und Entsorgungswirtschaft. (Entsorga-Schriften, Band 4.) Frankfurt 1988, S. 102ff.

Klemmer, P. [XI], Räumliche Auswirkungen der Umweltschutzpolitik. In: Akademie für Raumforschung und Landesplanung (Hrsg.) [IV], S. 21ff.

Klemmer, P. [XII], Defizite im Wirtschaftsraum Rhein-Ruhr. "Idee Ruhr", Dortmund, Jg. 4 (1988), S. 18ff.

Klemmer, P. [XIII], Umweltinformationen aus dem Wirtschafts- und Sozialbereich. In: Statistisches Bundesamt (Hrsg.), S. 79ff.

Klemmer, P. [XIV], Ökonomie und Ökologie. Bochum 1987.

Klemmer, P. [XV], Zwischenbilanz der Bodenschutzpolitik. (Orientierungen, Heft 25.) Bonn 1985, S. 20ff.

Klemmer, P. [XVI], Umweltpolitik als Bestandteil der Raumordnungspolitik, Unterschiede in der Verteilung der Bodengüte - Unterschiede in der Belastbarkeit. "Der Bürger im Staat", Stuttgart, Jg. 31 (1981), S. 218ff.

Klemmer, P. [XVII], Stadtentwicklung und Stadtplanung im Feld der Umweltpolitik. "Städte- und Gemeindebund", Göttingen, Jg. 1983, S. 111ff.

Klemmer, P. [XVIII], Die Gemeinschaftsaufgabe "Verbesserung der regionalen Wirtschaftsstruktur". Zwischenbilanz einer Erscheinungsform des kooperativen Föderalismus. Bochum 1986.

Klemmer, P. [XIX], Verstärkung kommunaler Umweltpolitik. "Der Landkreis", Stuttgart, Jg. 55 (1985), S. 371ff.

Klemmer, P. [XX], Institutionelle Hemmnisse und wirtschaftlicher Niedergang altindustrieller Regionen. In: Müller, H.J. (Hrsg.), S. 75ff.

Kloke, A., Umweltstandards - Material für Raumordnung und Länderplanung. In: Akademie für Raumforschung und Landesplanung (Hrsg.) [I], S. 133ff.

Kloke, A., Richt- und Grenzwerte zum Schutz des Bodens vor Überlastungen mit Schwermetallen. In: Bundesforschungsanstalt für Landeskunde und Raumordnung (Hrsg.), S. 13ff.

Knauer, P., Umweltbeobachtungs- und Umweltinformationssysteme. In: Akademie für Raumforschung und Landesplanung (Hrsg.) [III], S. 179ff.

Knöpp, H., Bisherige Zustandsbeschreibung der Oberflächengewässer nach biologischen und chemischen Kriterien. In: Oswald-Schulze-Stiftung (Hrsg.), S. 9ff.

Kobus, H., Strömungsmechanische Grundlagen des Transports der Halogenkohlenwasserstoffe im Grundwasserleiter - Maßnahmen zur Erfassung des verunreinigten Wassers. In: Halogenkohlenwasserstoffe in Grundwässern. Kolloquium des DVGW-Fachausschusses "Oberflächenwasser" am 21.10.1981 in Karlsruhe. (DVGW-Schriftenreihe Wasser, Nr. 29.) Frankfurt 1981, S. 91ff.

Koch, E.R. und Vahrenholt, F., Die Lage der Nation. Umweltatlas der Bundesrepublik - Daten, Analysen, Konsequenzen. Hamburg 1983.

Köster, H., Zur Quantifizierung ökologischer Leistungen des ländlichen Raumes. (Regionalpolitik und Umweltschutz im ländlichen Raum, Bericht Nr. 22.) Gießen 1986.

Kraus, H., Anforderungen an die Trinkwasserqualität in nationalen und internationalen Vorschriften. In: Deutscher Verein des Gas- und Wasserfaches (Hrsg.), S. 51ff.

Kroesch, V., Indikatoren zur laufenden Raumbeobachtung des Bereichs Umwelt im kleinen Maßstab. In: Institut für Umweltschutz der Universität Dortmund (Hrsg.), S. 41ff.

Krupp, H.J. und Zapf, W., Indikatoren. In: Albers, W. u.a. (Hrsg.), Handwörterbuch der Wirtschaftswissenschaft, Band 4. Stuttgart 1978, S. 119ff.

Landesamt für Wasser und Abfall Nordrhein-Westfalen (Hrsg.), Richtlinie für die Ermittlung der Gewässergüteklasse - Fließgewässer -, Wasserwirtschaft Nordrhein-Westfalen. Düsseldorf 1982.

Landesanstalt für Ökologie (LÖLF), Landesamt für Wasser und Abfall (LWA)(Hrsg.), Bewertung des ökologischen Zustands von Fließgewässern, Teil I, Bewertungsverfahren, Teil II, Grundlagen für das Bewertungsverfahren. Essen 1985.

Lederer, K., Aufrechnung von Umweltqualität? Ansätze zur Erfassung von Umweltbelastungen. (Wissenschaftszentrum Berlin, discussion-papers, no. 82/4.) Berlin 1982.

Lehrstuhl für Grundbau und Bodenmechanik u.a. (Hrsg.), Seminar über Altlasten und konterminierte Standorte, Erkundung und Sanierung, der Ruhr-Universität Bochum vom 2. April 1986. Bochum 1986.

Leipert, C., Gesellschaftliche Berichterstattung - Eine Einführung in Theorie und Praxis sozialer Indikatoren. Berlin u.a. 1978.

Ludwig, K. und Scholze, H.J., Maßnahmen zur verstärkten Berücksichtigung der Ökologie im Wasserbau. "Wasserwirtschaft und Wassertechnik", Jg. 26 (1976), S. 212ff.

Maderer, H.J., Die Verinselung der Landschaft und die Notwendigkeit von Biotopverbundsystemen. "LÖLF-Mitteilungen", Jg. 1985, Heft 4, S. 6ff.

Marx, D., Wechselwirkungen zwischen Umweltschutz und Raumordnung/Landesplanung. Hannover 1988.

Meinke, D., Neuere Ansätze zur Bildung von Regionen. "Raumforschung und Raumordnung", Braunschweig, Jg. 28 (1970), S. 1ff.

Meinl, H., Vorschlag zur Information der Öffentlichkeit über die lufthygienische Situation. Forschungsbericht an das Umweltbundesamt. Berlin 1976/78.

Micheel, B., Mobilisierungshemmnisse bei der Revitalisierung kontaminierter Industrie- und Gewerbebrachen. In: Jessberger, H.-L. (Hrsg.), S. 37ff.

Mills, E. und Graves, P.E., Economics of Environmental Quality. 2nd edition, New York 1986.

Minister für Landes- und Stadtentwicklung des Landes Nordrhein-Westfalen (Hrsg.), Landesentwicklungsplan III, Entwurf. Düsseldorf 1984.

Minister für Landes- und Stadtentwicklung des Landes Nordrhein-Westfalen (Hrsg.), Freiraumbericht. Düsseldorf und Neuss 1984.

Moll, W., Taschenbuch für Umweltschutz. Band I: Chemische und technologische Informationen. 2. Aufl., Darmstadt 1978.

Müller, H.J. (Hrsg.), Determinanten der räumlichen Entwicklung. (Schriften des Vereins für Socialpolitik, N.F. Band 131.) Berlin 1983.

Müller, H.J., Wirtschaftliche Grundlagen der Raumordnungspolitik. Berlin 1969.

Münch, J. und Wycisk, W., Entwicklung eines Luftschadstoffindex zur Information der Öffentlichkeit über die aktuelle lufthygienische Situation. Berlin 1984.

Obermann, P. Hydromechanische/hydrochemische Untersuchungen zum Stoffgehalt von Grundwasser bei landwirtschaftlicher Nutzung. (Besondere Mitteilungen zum Deutschen Gewässerkundlichen Jahrbuch, Nr. 42.) Düsseldorf 1981.

Odzuck, W., Umweltbelastungen. Stuttgart 1982.

Ortmeyer, A., unter Mitarbeit von Bremicker, B. und Klemmer, P., Regionale Arbeitsmarktanalyse für die Bundesrepublik Deutschland 1983. Bochum 1984.

Ortner, G., Nutzungsbezogene Gewässerzustandsbeschreibung für die energiewirtschaftliche Nutzung. In: Oswald-Schulze-Stiftung (Hrsg.), S. 149ff.

Osterkamp, R. u.a. (Hrsg.), Umweltökonomik. Königstein 1982.

Oswald-Schulze-Stiftung (Hrsg.), Gewässergüte und Bewirtschaftungsplanung, Symposium am 4. und 5. September 1984 in Aachen. (Gewässerschutz, Wasser, Abwasser, Band 73.) Aachen 1985.

Ottway, H.J., Perception and Acceptance of Environmental Risk. "Zeitschrift für Umweltpolitik und Umweltrecht", Frankfurt, Jg. 3 (1980), S. 593ff.

Paluska, A., Urbane Bodenversiegelung und ihre Auswirkungen auf die Grundwasserneubildung. In: Bundesforschungsanstalt für Landeskunde und Raumordnung (Hrsg.), S. 105ff.

Peters, H., Die Erfassung der räumlichen Verteilung von Schwefeldioxid- und -stickoxid-Emissionen als Informationsgrundlage für die Raumordnung. "Informationen zur Raumentwicklung", Bonn, Jg. 1985, S. 1003ff.

Pflug, W., Die nutzungsbezogene Gewässerzustandsbeschreibung aus der Sicht von Ökologie, Naturschutz und Landschaftspflege. In: Oswald-Schulze-Stiftung (Hrsg.), S. 95ff.

Pietsch, J., Versiegelungen des Bodens in der Stadt und ihre Auswirkungen. In: Bundesforschungsanstalt für Landeskunde und Raumordnung (Hrsg.), S. 121ff.

Pietsch, J., unter Mitarbeit von Wallmeyer, F.J., Bewertungssystem für Umwelteinflüsse - Nutzungs- und wirkungsorientierte Belastungsermittlungen auf ökologischer Grundlage. Köln u.a. 1983.

Plogmann, J., Zur Konkretisierung der Raumordnungsziele durch gesellschaftliche Indikatoren - Ein Diskussionsbeitrag zu der Empfehlung des Beirats für Raumordnung vom 16. Juni 1976. (Beiträge zum Siedlungs- und Wohnungswesen und zur Raumplanung, Band 44.) Münster 1977.

Prittwitz, V., Smogalarm. Fünf Funktionen der unmittelbaren Gefahrenabwehr im Umweltschutz. "Aus Politik und Zeitgeschichte", Bonn, Jg. 1985, B 20, S. 31ff.

Prittwitz, V. und Haushalter, P., Luftqualitätsindex und Öffentlichkeit. Zur allgemeinen Information über die aktuelle Schadstoffbelastung der Atemluft. "Zeitschrift für Umweltpolitik und Umweltrecht", Frankfurt, Jg. 8 (1985), S. 326ff.

Prognos AG (Hrsg.), Indikatoren der Umweltqualität für die Raumbeobachtung in Nordrhein-Westfalen. Basel 1988.

Rach, D., Landschaftsverbrauch in der Bundesrepublik Deutschland. "Informationen zur Raumentwicklung", Bonn, Jg. 1987, S. 27ff.

Rasmussen, T., Oesterreich, M. und Behn, S., Regionaldifferenzierte Umweltpolitik im Luftbereich. Grundzüge einer Konzeption und ihre ökonomisch-ökologische Beurteilung. (Wirtschaftspolitische Studien, Nr. 67.) Göttingen 1984.

Rat von Sachverständigen für Umweltfragen (Hrsg.) [I], Umweltprobleme der Landwirtschaft. Sondergutachten, März 1985. Stuttgart und Mainz 1985.

Rat von Sachverständigen für Umweltfragen (Hrsg.) [II], Umweltprobleme des Rheins. Sondergutachten, März 1976. Stuttgart und Mainz 1976.

Rat von Sachverständigen für Umweltfragen (Hrsg.) [III], Umweltgutachten 1987. Stuttgart und Mainz 1987.

Rat von Sachverständigen für Umweltfragen (Hrsg.) [IV], Umweltgutachten 1974. Stuttgart und Mainz 1974.

Rat von Sachverständigen für Umweltfragen (Hrsg.), Waldschäden und Luftverunreinigungen. Sondergutachten, März 1983. Stuttgart und Mainz 1983.

Reich, U.P. und Stahmer, C. (Hrsg.), Gesamtwirtschaftliche Wohlfahrtsmessung und Umweltqualität. Frankfurt 1983.

Richter, W. und Lillich, W., Abriß der Hydrogeologie. Stuttgart 1975.

Rothe, J.C., Weitergehende Anforderungen - welche Anforderungen sind wo und warum zu stellen? In: Gewässerschutz und Abwasserreinigung als komplexe Aufgabe - Was ist möglich und was ist machbar? (Gewässerschutz, Wasser, Abwasser, Band 69.) Aachen 1985, S. 39ff.

Royal Commission on Environmental Pollution (Ed.), Seventh Report. Agriculture Pollution. London 1979.

Ruchay, D., Gewässergüte - Gewässerzustand, von der Beschreibung zur Beurteilung. In: Gewässerschutz und Abwasserreinigung als komplexe Aufgabe - Was ist möglich und was ist machbar? (Gewässerschutz, Wasser, Abwasser, Band 69.) Aachen 1985, S. 291.

Rudolf, W., Methodische Ansätze zur Konstruktion sozialer Indikatoren. In: Zapf, W. (Hrsg.) [II], S. 192ff.

Salzwedel, J., Gesundheitsschutz, Sachgüterschutz und Schutz ökologischer Bestände im Bundesimmissionsschutzgesetz. "Informationen zur Raumentwicklung", Bonn, Jg. 1988, S. 527ff.

Sander, H.P., Umweltschutz. In: Eberstein, H. (Hrsg.), Abschnitt VIII B.

Sauerbeck, D., Funktionen, Güte und Belastbarkeit des Bodens aus agrikulturchemischer Sicht. (Materialien zur Umweltforschung, Band 10.) Stuttgart und Mainz 1985, S. 91f.

Sauter, W., Waldsterben im Schnittpunkt von Ökologie, Ökonomie und Politik. "Aus Politik und Zeitgeschichte", Bonn, Jg. 1985, B 20, S. 14ff.

Schleicher, J. und Klaus, J., Räumliche Wirtschaftspolitik. München 1983.

Schmidt, D., Das Verfahren zur Gewährung von Mitteln der Gemeinschaftsaufgabe "Verbesserung der regionalen Wirtschaftsstruktur". In: Eberstein, H. (Hrsg.), Abschnitt IC.

Schmidt, R. (Hrsg.), Aktuelle Fragen der regionalen Strukturpolitik. (Augsburger Rechtsstudien, Band 4.) Heidelberg 1989.

Schmitz, S., Schadstoffemissionen privater Haushalte. Ein räumlich disaggregiertes Schätzmodell. "Informationen zur Raumentwicklung", Bonn, Jg. 1985, S. 1021ff.

Schuster, F. (Hrsg.) [I], Dezentralisierung des politischen Handelns, Band III. (Forschungsberichte der Konrad-Adenauer-Stiftung, Band 61.) Melle 1987.

Schuster, F. (Hrsg.) [II], Dezentralisierung des politischen Handelns, Band I. (Forschungsberichte der Konrad-Adenauer-Stiftung, Band 3.) St. Augustin 1979.

Sedlacek, P. (Hrsg.), Regionalisierungsverfahren. Darmstadt 1978.

Selenka, F., Gesundheitliche Bedeutung des Nitrats. In: Deutsche Landwirtschaftsgesellschaft (Hrsg.), S. 7ff.

Selenka, F., Typische Industriestandorte und ihre Altlastenprobleme aus hygienischer Sicht. In: Lehrstuhl für Grundbau und Bodenmechanik u.a. (Hrsg.), S. 15f.

Siebert, H., Die Anwendung der Mengentheorie für die Abgrenzung von Regionen. In: Sedlacek, P. (Hrsg.), S. 124ff.

Siebert, H., Economics of the Environment. 2nd Ed., Berlin und Heidelberg 1987.

Sieckmann, V., Notwendigkeit und Anforderungen einer Zustandsbeschreibung der Gewässer aus der Sicht Nordrhein-Westfalens. In: Oswald-Schulze-Stiftung (Hrsg.), S. 83ff.

Stahl, K., Verbesserung der regionalen Wirtschaftsstruktur (Rahmenplan). In: Eberstein, H. (Hrsg.), Abschnitt 1 III B.

Stahmer, C., Umweltqualität und gesamtwirtschaftliche Wohlfahrtsmessung. In: Reich, U.P. und Stahmer, C. (Hrsg.), S. 113ff.

Statistisches Bundesamt (Hrsg.), Statistische Umweltberichterstattung. Ergebnisse des 2. Wiesbadener Gesprächs am 12./13.11.1986. (Schriftenreihe Forum der Bundesstatistik, Band 7.) Stuttgart und Mainz 1987.

Streit, M., Theorie der Wirtschaftspolitik. 3. Aufl., Düsseldorf 1983.

Sumerer, S., Die Prüfung der Umweltverträglichkeit als ein Problem einer neuen Umweltethik. "Zeitschrift für angewandte Umweltforschung", Berlin, Jg. 1 (1988), S. 151ff.

Tetsch, F., Anpassung des Förderinstrumentariums der Gemeinschaftsaufgabe an die veränderten regionalwirtschaftlichen Bedingungen. Hintergründe und Beschlüsse, Neuorientierung der regionalen Wirtschaftspolitik? "Informationen zur Raumentwicklung", Bonn, Jg. 1986, S. 781ff.

Thoss, R., Großräumige Funktionszuweisungen und ausgeglichene Funktionsräume. In: Akademie für Raumforschung und Landesplanung (Hrsg.) [X], S. 13ff.

Thoss, R. und Michels, W., Räumliche Unterschiede der Lebensbedingungen in Nordrhein-Westfalen, gemessen anhand von Indikatoren des Beirats für Raumordnung. In: Akademie für Raumforschung und Landesplanung (Hrsg.) [VII], S. 73ff.

Umweltbundesamt (Hrsg.), Daten zur Umwelt 1986/87. Berlin 1986.

Uppenbrink M. und Knauer, W., Funktion, Möglichkeiten und Grenzen von Umweltqualitäten und Eckwerten aus der Sicht des Umweltschutzes. In: Akademie für Raumforschung und Landesplanung (Hrsg.) [I], S. 45ff.

Vorholz, F., Ökologische Vorranggebiete - Funktionen und Folgeprobleme. Frankfurt u.a. 1984.

Wegehenkel, L., Marktsystem und exklusive Verfügungsrechte an Umwelt. In: Wegehenkel, L. (Hrsg.), S. 237ff.

Wegehenkel, L. (Hrsg.), Marktwirtschaft und Umwelt. (Wirtschaftswissenschaftliche und wirtschaftsrechtliche Untersuchungen, Band 17.) Tübingen 1981.

Weinschenck, G. und Gebhardt, H.J., Möglichkeiten und Grenzen einer ökologisch begründeten Begrenzung der Intensität der Agrarproduktion. (Materialien zur Umweltforschung, Band 11.) Stuttgart und Mainz 1985.

Welte, E. und Timmermann, F., Düngung und Umwelt. (Materialien zur Umweltforschung, Band 12.) Stuttgart und Mainz 1985.

Wicke, L., Der ökonomische Wert der Umwelt. "Zeitschrift für Umweltpolitik und Umweltrecht", Frankfurt, Jg. 10 (1987), S. 109ff.

Wörner, D., Kühlregie und Wärmereglement für thermische Kraftwerke - Möglichkeiten - Grenzen - Überwachung. In: Lebenselement Wasser. Konsequenzen für Politik, Verwaltung und Technik. 14. Essener Tagung vom 18.3.-20.3.1981 in Essen. (Gewässerschutz, Wasser, Abwasser, Band 50.) Aachen 1982 S. 193ff.

Zapf, W. (Hrsg.) [I], Soziale Indikatoren. Konzepte und Forschungsansätze I. Frankfurt und New York 1974.

Zapf, W. (Hrsg.) [II], Soziale Indikatoren. Konzepte und Forschungsansätze II. Frankfurt und New York 1974.

Zapf, W. (Hrsg.) [III], Soziale Indikatoren. Konzepte und Forschungsansätze III. Frankfurt und New York 1975.

Zechmar-Lahl, B. und Lahl, U., Wie wissenschaftlich ist die Toxikologie - Zur Problematik der Grenzwertfindung. "Zeitschrift für Umweltpolitik und Umweltrecht", Frankfurt, Jg. 10 (1987), S. 43ff.

Zimmermann, H., Ökonomische Anreizinstrumente in der Umweltpolitik - Einsatzbegründung, Formen sowie die Wirkungen in verschiedenen Typen von Verdichtungsgebieten. (RUFIS-Beiträge, Nr. 4/1984.) Bochum 1984.

Zimmermann, K., Umweltpolitik und Verteilung. Köln 1981.

Zimmermann, K. und Nijkamp, P., Umweltschutz und regionale Entwicklungspolitik - Konzepte, Inkonsistenzen und integrative Ansätze. In: Fürst, D., Nijkamp, P. und Zimmermann, K. (Hrsg.), S. 9ff.

Printed by Libri Plureos GmbH
in Hamburg, Germany